ゼロから学べる 小学校図画工作授業づくり

大橋 功 監修　西尾 環　森實 祐里 編著

明治図書

PROLOGUE

あなたは図工が好きですか？
子供は図工が大好きです。
いつから，苦手意識が出てくるのでしょうか？
いつから，不得意だと思うのでしょうか？

得意・不得意を意識しない授業になれば，図画工作の授業が楽しくて仕方がなくなるでしょう。
つまり，子供が「楽しかった！」と思える授業が大切です。
子供の「楽しい！」は何なのかを考え，子供の「図工，大好き！」をもっともっと大切に育てていきたいですね。

あなたの授業で子供の笑顔がもっとたくさん見られるお手伝いができると嬉しいです。

森實祐里

巻頭言　図画工作科からのメッセージ

教師のイメージの下請け作業ではない

　ある小学校でのこと。6月4日の虫歯予防デーにちなんでポスター製作に全学年で取り組んでいました。

　「はい，真ん中に大きな楕円を描きましょうね」と担任が実際にやって見せます。次に「お口の中には何があるかな？」と歯を描くことを促し，歯ブラシを描かせます。

　さらには，口の周囲に顔のパーツを描き足していくといった指示に従って描かせていきます。

　ほとんどの子供は，疑うこともなく描き進めていましたが，1人の子供の手が止まっていました。

　「どうしたの？」と担任が尋ねると「描けない」と言います。自分は，歯を磨くときには閉じているので，指示されたような楕円形の大きく開いた口じゃない，と言うのです。

　この事例には，図画工作科が抱える根深い問題が見られます。それは，「図画工作科＝作品の完成」という勘違いです。さらに，あらかじめ教師がイメージしている作品をゴールとして，そのような作品に導くことが指導法だと勘違いしているのです。

　この子供は，虫歯，歯磨きといったキーワードから伝えたいこと，表したいことを見付け，それを描きたかったのに，全く異なるイメージを押し付けられ，混乱し，心が折れそうになっていたのです。ひょっとしたら，自分が間違っているのかもしれないと自信がもてなくなったのかもしれません。

　もし，子供をして，教師の下請け作業をさせることや，疑いもなく指示に従う子供，手が止まってしまう子供，そんな子供を1人でも生み出すというのであるならば，そのようなものは

図画工作科の授業とは言えません。

図画工作科を小学校で学ぶ意味を考える

　ここで今一度，図画工作科の目標について考えてみましょう。例えば，子供から「先生，なぜ学校で図画工作科を学ぶのですか？」と聞かれたら，あなたはどのように答えますか。

　ほんの数分でもいいですから，少し考えてみてください。そして思い付く言葉を紙に書き出してみてください。

　小学校学習指導要領（平成23年4月から実施）には，図画工作科の目標として以下のように示されています。

> 　表現及び鑑賞の活動を通して，感性を働かせながら，つくりだす喜びを味わうようにするとともに，造形的な創造活動の基礎的な能力を培い，豊かな情操を養う。

　一見「なるほど」と思えますが，どのような授業をすると「造形的な創造活動の基礎的な能力を培い，豊かな情操を養う」ことができるのでしょうか。この一文から直接図画工作科の授業をイメージするのは難しいですね。また，先ほどの子供の問いに対して，これらを直接伝えても当然理解できないでしょう。

　そこで，この学習指導要領に示された図画工作科の目標を，句読点で区切られた文節ごとに分解し，例えば高学年の子供にもわかる文言に置き換えてみましょう。

図画工作科から子供たちへのメッセージ

　どうでしょう，子供に理解できる言葉へと翻訳できましたか。例えば，以下のように，図画工作科から子供たちに向けたメッ

セージへと置き換えることもできます。

> 私は，図画工作科です。私の願いを伝えます。
> ○自分で絵を描いたり，ものをつくったりすることや，誰か
> 　が描いたり，つくったりした作品を見ることを楽しんでも
> 　らいたいと願っています。
> ○自分なりに，いいなぁ，きれいだなぁ，面白いなぁと感じ
> 　る気持ちを大切にしてほしいと願っています。
> ○自分が描きたい，つくりたいと思うものが，思い通りにで
> 　きたときの喜びを味わってもらいたいと願っています。
> ○そのためにも，いろいろな材料や用具を使いこなす「ちか
> 　ら」をつけていってほしいと願っています。
> ○自分のよさ，他人のよさ，生活の中で出会ういろいろなも
> 　のごとのよさなどを感じたり，求めたりする「こころ」を
> 　身につけていってほしいと願っています。

　この願いは，翻って教師の授業づくりに問いかけます。
・子供が「自分なりに感じる」ことを大切にしていますか。
・「自分が描きたい，つくりたい」と思い，それを実現する
　「喜び」を味わわせていますか。
・思い通りの表現ができる「ちから」を保障できていますか。
・自分や他者のよさなどを感じたり，よりよいものを求めたり
　する「こころ」を身につけることができていますか。

学び合い，育ち合う姿が見られる授業づくりに向けて

　「図画工作科を制する者は学級を制する」と言うと「そんな
大げさな」と思われるでしょう。確かに，数ある教育活動の中

6

の一教科に過ぎませんから，いくら何でもそれは言い過ぎです。

　しかし，この一教科をおろそかにすることは小さなことではありません。うまくいっている図画工作科の授業では，子供を理解する大きな手がかりが得られます。

　また，自分らしい発想で，自分なりの方法で夢中になって自己表現できるためには，それを受け止める教師だけでなく「学級の誰もが自分の表現を受け容れてくれる」という仲間への信頼感，安心感が必要です。

　そこではじめて，お互いの表現の違いをよさとして受け止め合うとともに，自分が気付かなかったことに気付かせてくれる仲間として尊重し合い，学び合える関係が生まれるのです。

　そんな教室では，誰もが勇気をもって自分の考えを述べることができるでしょう。失敗を嘲ったり，誰かを異端として排除したりするようなことは起きにくくなるでしょう。

　実は，図画工作科だけでなく，あらゆる授業を含む日頃の学級づくりにおいて，そのような関係づくり，環境づくりをしていくことが大切なのです。

　「ちょっと見て，どう？」「おー，いいね」「こことここの色の組み合わせがいいと思うな」。授業の中で聞かれる何気ない子供のやりとりです。この瞬間にこそ，真の意味で学び合い，育ち合う姿が見られます。本書は，日々の授業づくりに取り組む執筆者たちの「誰もが，こんな場面に出会える授業づくりができるように」との願いから生まれました。

大橋　功

もくじ

PROLOGUE 3

巻頭言　図画工作科からのメッセージ 4

第1章
図画工作科の授業で大切にしたいこと

子供に何が起きているかを見取る 16

「こと」づくりを大切に 18

考える図工，感じる図工 20

〔共通事項〕と言語活動 22

学年別図工の指導で大切にしたいこと 24

【単元計画・授業開き】

年間指導計画の立て方 26

知っておきたい時数と作品の関係 28

学年別授業開きのポイント 30

授業開きで押さえたい用具の使い方 34

授業で必要な材料の集め方 36

【評価】

図画工作科の評価は「子供の学び」を知ること 38

4観点別の評価ポイント 40

評価ポイント①　作品の「どこ」を見るか 42

評価ポイント②　表現活動の「どこ」を見るか 44

目　次

評価ポイント③　鑑賞活動の「どこ」を見るか　46

「先生，見て！」に対しての声かけのポイント　48

デジタルカメラで記録をとる　50

共同製作の評価　52

第2章
図画工作科の授業をはじめよう

【教材研究】

教科書の使い方　58

指導書の使い方　60

教材研究のポイント　62

【授業づくり】

図工室の使い方・つくり方　64

図工の授業の進め方　66

導入で子供の「～したい」を強くする工夫　68

子供にかける魔法の言葉　70

子供の活動を支援するポイント　72

終末～授業のまとめと評価のポイント　74

片付け指導のポイント　76

【理解と支援】

活動が苦手な子への声かけのポイント　78

活動が遅い子への支援のポイント　80

【造形遊び】

造形遊びのよさと評価のポイント　82

学年別造形遊びのポイント　84

造形遊びの終わり方　86

【絵画】

用具の準備と片付け方　88

クレヨン・パスの使い方　90

絵の具・パレット・筆洗の使い方　92

色が混ざる仕組みと混ぜ方　94

筆の洗い方・色の塗り方　96

絵の描き出しのポイント　98

人物描写指導のポイント　100

写生画指導のポイント　102

読書感想画指導のポイント　104

学年別絵画指導のポイント　106

【立体・工作】

工作の学習で大切にしたいこと　110

用具の準備と片付け方　112

はさみ・のりの指導で大切にしたいこと　114

粘土の指導で大切にしたいこと　116

学年別工作の指導のポイント　118

【版画】

版画の学習で大切にしたいこと　122

目　次

彫刻刀の使い方　124

ローラー・インクの使い方　126

種類別版画指導のポイント　128

【鑑賞】

鑑賞作品の選び方　130

お互いの作品鑑賞の方法とポイント　132

鑑賞をするときの声のかけ方・視点のもたせ方　134

鑑賞ワークシートの活用　136

美術館との関わり方　138

学年別鑑賞指導のポイント　140

【掲示】

教室掲示を見直す　142

作品票を生かす　144

【作品展】

作品を選ぶポイント　146

作品展に出すときに注意すること　148

第3章
誰でもすぐできる！　授業のアイデア

〈立体・粘土〉素材のよさからかたちへ　154

〈絵画〉大きく描くよさ・小さく描くよさ　156

〈工作〉ペットボトルと紙粘土でゆめの家づくり　158

11

〈鑑賞〉動物たちの様子を想像し，声を聴く　160

〈版画〉手軽に・楽しく・美しく　スチレン版画　162

〈造形遊び〉場所の特徴から発想を広げる　164

COLUMN　あるある失敗談　166

おすすめしたい図画工作の本　172

執筆者紹介　173

第1章

図画工作科の
授業で大切に
したいこと

　図画工作科の授業では，何を大切にすべきでしょうか。

　教師の技術や知識を一方的に教えることが，図画工作科の授業ではありません。子供自身が感じ，考えながら，自ら技術や知識を獲得していく過程こそが大切なのです。

　しかし，それは，ただやみくもに授業づくりをしていてはかないません。子供を見取る確かな目，学習指導要領を読み解く力や年間指導計画を立てる力，的確な評価といった教師として

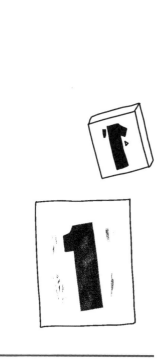

　求められる基本的な力とともに，材料の集め方や用具の使い方といった図画工作ならではの留意点もあります。

　それらを踏まえたうえに，子供自身がのびのびと感じ，考える図画工作科の授業は存在します。いわば，授業づくりのゼロ段階です。

　本章では，授業をする上でまずは押さえておきたいことをまとめました。ゼロから学ぶための，第一歩です。

子供に何が起きているかを
見取る

　図画工作の時間，子供は材料と多く関わりながら，様々な姿を見せるものです。ただし，瞬間的な現象だけをとらえて子供を見てはいけません。そのとき，

　子供は何を思い，何を考えているのか

ということを見取る力が，教師には必要です。

　例えば，自分の持ってきた材料をもとにした製作で子供たちに次のような姿が見られるとき，どのような気持ちでいると考えられるでしょうか。

　A　材料をずっと触っているだけである。

　B　製作中に突然大きな声をあげる。

　C　製作途中の作品を挟んで友達としゃべっている。

　D　机の上の材料を見て，何もせずじっとしている。

　実はAさんは，どの材料を使おうかな，とわくわくして考えていたのです。Bさんは試行錯誤しながら工夫した仕組みができた喜びに，思わず大きな声で叫んだのでした。Cさんは，つくり方に悩んでいた友達に優しくアドバイスをしていました。Dさんは，何度もつくり方を試したけどうまくいかず，途方に暮れているのでした。

　どの子供も，作品づくりと向き合い，自分なりに一生懸命に考えているのです。つまり4人とも

　自分のつくりたい作品の完成を目指している

第1章　図画工作科の授業で大切にしたいこと

途中の姿です。

　全ての子供が「つくりたい！」という思いからスタートして
も，そこまでの道のりはスムーズにいくことばかりではありま
せん。小さな喜びに浸る瞬間もあれば，大きな迷い道に入り込
んでしまうこともあります。私たち教師は，そのような一人一
人の心の動きに気付かなければなりません。

　そのためにも

教師は製作している子供たちの近くを歩き回る

ことが大切です。

　間近なところで，子供のつぶやきや心の声を聞きましょう。
作品に触れながら声をかけ，対話をしましょう。そして，個に
応じた言葉かけや支援をすることが必要です。

・自分の力で乗り越えられそうなら励ましを。
・工夫があったら，ほめ言葉を。
・うまくいったことがあったら共に喜びを。
・困っていたらアドバイスを。

　もちろん，全体を見渡せる位置から，教室全体の活動の状況
や学習の流れを見取る時間も必要です。子供同士が関わり合う
ような場や時間の設定も必要です。さらに，題材の魅力や子供
たちの実態を十分に把握し，事前の教材研究をしておくことも
忘れてはなりません。

　その上で教師は，子供の活動がスタートしたら，近くで温か
い目で見守りながら子供の心の声を聞き取り，活動を促進して
いく役割を果たすべきでしょう。

（西尾　環）

「こと」づくりを大切に

　図工と生活科は似ているとよく言われますが，生活科の「〇〇ランドをつくろう！」などはつくることが方法であり，道具です。つまり，できあがった「もの」が大切です。

　それに対して，図工という教科は，「つくること」そのものが目的です。

　教師から見て，素晴らしい作品をつくることが目的ではありません。

　作品づくりを通して，「何を育てるのか」が大切なのです。

　そのために……

〇自分の感性を働かせているでしょうか。

　できあがった作品からでは，それをなかなか見取ることができません。

　ですから，子供がどんなことをしているのかをよく見てみてください。

〇つくり出す喜びを感じているでしょうか。

　教師の価値観で，子供の作品の上手下手を生み出していないでしょうか。

　子供自身が「つくるって楽しい！」と思いながら活動しているでしょうか。

　つまり，

第1章　図画工作科の授業で大切にしたいこと

作品ではなく過程

が大切なのです。

どんな「もの」をつくったか，ではなく，

どんな「こと」をしたのか

が大切です。

　子供はいっぱい感じて，たくさん考えています。

　この「こと」に着目すると，子供は「いいこと考えた！」と，たくさん言っているのに気付くことができます。

　たくさん「いいこと考えた！」と思ってつくりあげた「もの」は，かけがえのないその子自身の姿なのです。

　大切な大切な思いがたくさん詰まったその子自身なのです。

　ですから，

授業で大切にしたいのは，「もの」の前に，「こと」

なのです。

（森實祐里）

19

考える図工，感じる図工

「知ることは，感じることの半分も重要ではない」

レイチェル・カーソンが『センス・オブ・ワンダー』（新潮社，上遠恵子訳）で述べている言葉です。

つまり，教師の価値観を教えてしまってはいけません。ましてや，押し付けることもしません。子供が感じたことを重んじ，感性を働かせられるようにしていきます。

また，カーソンは「子どもたちがであう事実のひとつひとつが，やがて知識や知恵を生みだす種子だとしたら，さまざまな情緒やゆたかな感受性は，この種子をはぐくむ肥沃な土壌」だとも述べています。

図工で出会う事実とは，材料の体験であったり，様々な作品に触れたりすることなどです。それが，自分の感じ方になり，自分の考え方になっていきます。そして，知恵を働かせ自分の表現方法を見付けていきます。

つまり，教師の知っている技法や知識を教えるのではなく，子供が感じ，子供が考え，自分の技法や技術，知識を獲得していくのです。子供が感じることを大切にしてください。

第1章　図画工作科の授業で大切にしたいこと

（森實祐里）

21

〔共通事項〕と言語活動

① 〔共通事項〕とは

　図画工作には，「表現」「鑑賞」という２つの領域があります。それらの活動の中で共通に働いている資質や能力が〔共通事項〕です。具体的には，

自分の感覚や活動を通して，「形や色など，その感じ，造形的な特徴」をとらえ，これをもとに「自分のイメージ」をもつことができる力

です。また，教師が造形活動の基礎的な能力を学年に応じて指導するとき，視点となる項目でもあります。

　〔共通事項〕における，「自分の感覚や活動を通してとらえること」は次のような内容です。

　１・２年……形や色など

　３・４年……形や色，組み合わせの感じ

　５・６年……形や色，動きや奥行きなどの造形的な特徴

　また，それぞれの内容をもとに自分のイメージをもつことも，子供たちに育てたい事項です。イメージのもち方は，子供の発達段階に応じて変化します。

　例えば１・２年生の子供は，太陽もタイヤもシャボン玉も全部同じ丸い形としてとらえることがありますが，大きさや色を変えて表すでしょう。色を選ぶときは「好きな色だから」と考えることもよくあります。３・４年生では，「丸は柔らかい感

じ，四角はかたい感じ」「赤は元気で明るい感じ，黒は暗くてこわい感じ」とイメージをもつことが考えられます。5・6年生では，「丸い形はタイヤみたいだから，いろいろな大きさの円を重ねて描くと，回っているような動きが出る」と効果を考えながら，表現するようになるでしょう。

　そのような実態を把握しながら，子供のイメージがより豊かになるよう，指導することが大切になります。

❷　言語活動の充実

　形や色などのとらえ方や，それらをもとにしたイメージのもち方は，学年だけでなく子供一人一人によっても違います。中には，イメージを十分にもてない子供もいます。他者がどう感じたり思ったりしているのかを知ることは，子供に表現・鑑賞の力をつけることに役立ち，心の交流も促進します。だからこそ

　感じたことや思ったことを伝え合うこと

が，大切になります。

　作品があれば，子供同士の交流は自然発生します。そこに，〔共通事項〕を意識した言語活動を取り入れることで，イメージの広がりを推進します。対話は特に効果的でしょう。

　「わたしは赤が好き。だって赤は～だから。あなたは？」

　「～さんには，赤はそんなイメージなんだね。ぼくは……」

　「自分と友達のデザインを比べると，形は似ていても色の組み合わせ方が違う。色によって感じ方が違うよね」

　「～さんの表し方は奥行きがあって面白いね。あなたは？」

　場合によっては，文字で伝え合う場合もあります。要は，言語活動を，自分の表現や鑑賞活動に生かすことです。　（西尾　環）

学年別図工の指導で大切にしたいこと

　図画工作は小学校6年間，経験し続ける学習です。学習指導要領では，各学年の目標と内容を，低・中・高学年の2学年ごとにまとめて示し，系統的に設定しています。

　つまり，「各学年の発達段階」と「一人一人の個人差」を大切にしているのです。それを踏まえて，各学年で大切にすることを常に意識しましょう。

　表現領域では，次のようなことをそれぞれ大切にします。

●低学年（1・2年）
　・材料をもとにする造形遊びを多く体験する。
　・感覚や気持ちを生かして楽しむ。
　・並べたりつないだりなど，体全体を働かせてつくる。
　・感じたことなどから表したいことを見付けて表す。
　・好きな色を選んだり，いろいろな形をつくって楽しんだりしながら表す。
　・材料や用具を手を働かせて使い，表す。

●中学年（3・4年）
　・材料と場所をもとに発想して造形遊びをする。
　・新しい形をつくったり，みんなで話し合ったりする。
　・組み合わせる，切ってつなぐ，形を変える。
　・見たことからも表したいことを見付けて表す。
　・計画を立てて表す。

第1章　図画工作科の授業で大切にしたいこと

・材料や用具の特徴を生かして使い，表す。

●高学年（5・6年）

・材料や場所の特徴をもとに，想像力を働かせ，造形遊びをする。

・材料や場所からの構成や周囲の様子を考え，つくる。

・材料，用具の経験や技能を総合的に生かしてつくる。

・伝え合いたいことからも表したいことを見付けて表す。

・構想を立てて表す。

・表現に適した方法を組み合わせて表す。

鑑賞領域では次のようなことをそれぞれ大切にしましょう。

●低学年（1・2年）

・身の回りの作品などから面白さや楽しさを感じ取る。

●中学年（3・4年）

・身近にある作品からよさや面白さを感じ取る。

●高学年（5・6年）

・親しみのある作品などからよさや美しさを感じ取る。

図画工作の目標は，

・自らの感性を働かせながら，つくり出す喜びを味わう。

・造形的な創造活動の基礎的能力を培う。

ことを通して，最終的に「豊かな情操を養う」ことを目指しています。

（西尾　環）

単元計画・授業開き

年間指導計画の立て方

　年間指導計画は，年間の学習の見通しを立てる上で重要です。その際のポイントについて，学習指導要領解説の「第4章・指導計画の作成と内容の取扱い」を参考に，6つ述べます。

① 題材選定や〔共通事項〕の把握をすること

　図画工作の目標や内容は，学習指導要領において2学年ずつ示してあります。教科書も，1・2上，1・2下というように2学年分でまとまっています。低・中・高の学年別に2つの学年の教師が一緒になって，学校の実態も踏まえながら（校内絵画展などの行事を把握して）題材を選定する必要があります。その際に，〔共通事項〕も，しっかり把握しておきましょう。

② 「工作」の配当時数を「絵や立体」と同じにすること

　表現（2）の内容として，絵や工作，立体に表す活動があります。そこでは，「工作に表すこと」に配当する授業時数と，「絵や立体に表すこと」に配当する授業時数が，およそ等しくなるようにしなければなりません。「工作が苦手だから」という教師の意識で，絵を描くことの内容に偏るようなことがあってはなりません。

③ 独立した鑑賞活動を工夫すること

　表現と鑑賞は，相互に関連して行うことが大切です。ただし，

26

第1章　図画工作科の授業で大切にしたいこと

指導の効果を高めるために必要がある場合には，鑑賞を独立して扱うことができます。その際，子供が関心をもつ作品の選定や，言語活動の充実を踏まえた活動に配慮しましょう。

④　共同製作を取り上げること

　友達とともに製作することで，様々な発想やアイデア，表し方などに気付きます。これからの時代，チームでプロジェクトをやり遂げたり，人とつながって活動する力は非常に重要ですので，大切な活動です。

⑤　他教科や道徳の時間との関連を図ること

　他教科等と関連づけた題材設定をすることで，効果的な学習が期待できます。例えば低学年では図画工作の時間につくったものを生活科で紹介するなどです。また，図画工作で扱った内容や教材で適切なものを，道徳の時間に活用することもよいでしょう。例えば高学年で，よさや美しさを感じた浮世絵（図画工作）を，「我が国の伝統と文化を大切にし郷土や国を愛する心」を育てるための資料（道徳）として扱うことも効果的です。

⑥　幼稚園・中学校との関連も心がけること

　低学年では，幼稚園や保育所，認定こども園での表現に関する内容を参考にして題材を検討することも，必要になってきます。体験活動が中心であった幼児期の経験を，低学年では生かすことです。また高学年は，図画工作が，美術はもちろん，技術・家庭科ともつながります。中学校の学習内容を知ることや，中学校教師と日頃から連携をとることも大切です。　　（西尾　環）

27

知っておきたい
時数と作品の関係

図画工作の各学年の標準時数は以下の通りです。

1年生……………………68時間（週平均2時間）

2年生…………………70時間（週平均2時間）

3年生と4年生……各60時間（週平均1.7時間）

5年生と6年生……各50時間（週平均1.4時間）

この中で，領域別に題材があり，それぞれに指導時数を決めています。例えば，ある教科書会社のカリキュラム案をもとにして立てた小学校5年生の指導計画の題材別授業時数案です。

表現（1）造形遊び　　2題材（2時間×2）

表現（2）絵に表す　　4題材（6時間×3，4時間×1）

表現（2）工作に表す　4題材（6時間×3，4時間×1）

表現（2）立体に表す　2題材（2時間×1，4時間×1）

鑑賞　　　　　　　　1題材（2時間×1）

その中の1題材（絵の具を使って写生画を描く題材）の指導計画を立てた場合，おおよそ次のような流れが考えられます。

1次　導入（意欲を高めて構想する）　　　　1時間

2次　線描（鉛筆やペンでスケッチ）　　　　2時間

　　　着色（絵の具で色を塗る）　　　　　　2時間

3次　鑑賞（絵を互いに鑑賞し自己を振り返る）1時間

こうしてみると，一つの作品にかける時間数は，意外と少な

いことに気が付きます。しかしなるべく時間内に終わるように心がけなくてはなりません。そこで指導計画を立てるときや実践するときに，次のようなことに注意します。

①活動に軽重をつける

発想・構想を重視するのであれば，考えたり試したりする活動に時間をかけ，他の時間をうまく短縮することが考えられます。まずは，つけたい力を明確にすることです。

②題材によって時数を調整する

どうしても全体的に時間をかけて作品を完成させたい題材がある場合，他の題材の時間数を減らします。題材によっては短時間で行うことが可能なものもあります。子供の実態を踏まえて調整しましょう。

③時間外の製作はなるべく学校で行う

子供の作業スピードには，どうしても個人差があります。時間が足りずに，授業外の時間で製作をしなければならないケースが出てくることもあるでしょう。ただし，終わらないから家に持って帰って……ということはしないことです。途中で作品が破損したり，保護者の手が入ってしまったりする可能性があるからです。

④完成の日や製作にかかる授業時数を知らせておく

子供が見通しをもって製作するためには，ゴールを意識しておくことが大切です。時数を知り，計画を立てて製作を進めていきましょう。

（西尾　環）

学年別授業開きのポイント

　授業開きでは，興味を引く短い題材（2時間程度）を設定し，学習後に「今年も図工は楽しいぞ！　いろいろやりたいな！」と思わせるよう，活動を仕組むことが大切です。また学年に応じて，取り入れること，学べるようにすべきことがあります。

　学年ごとに以下の項目で，授業開きのポイントを述べましょう。

《題材例》

（1）どういう活動を仕組みたいか。支援はどうするか。

（2）用具や画材の扱い方の指導はどうするか。

（3）見通しをもたせるために教科書をどう扱うか。

（4）1時間目にめあてと評価をどう意識させるか。

●1年生のポイント

《題材例》「すきなものいっぱい」

　　　　　「どんどんかいてたのしもう」など

（1）好きなものをたくさん描く活動を行います。小さな紙を多く準備します。

（2）クレヨン・パスなどの持ち方や，描き方，使い方はしっかり押さえることです。子供によっては，ある色のクレヨンがどんどん短くなります。場合によっては，面塗りにも使えます。紙のむき方の注意も知らせておくとよいでしょう。

（3）教科書で，好きなページを見付けさせます。

（4）「たのしいずこう」を全員が目指すように意識づけます。

●2年生のポイント ━━━━━━━━━━

《題材例》「すきなことなあに」

　　　　「形や色でたのしいもよう」など

（1）紙をB4ぐらいにしたり，色画用紙を数種類用意して選ばせたりして，好きなことなど描く活動を仕組みます。「描くこと」選びの方法として，黒板で思考ツールを使ってみんなで考えを出し合うなどの方法があります。考えが出ない子供がいる場合は効果的です。

（2）パスなどの線の描き方や色の重なりを，みんなで一緒に体験し，形遊び・色遊びをします。できあがった模様に，パウチをかけて掲示用カードにすると喜びます。

（3）面白そうなページ探しをします。

（4）授業の最後に，「楽しい図工，○○な図工」と自分でめあてを立てて，年間を通した評価につなげましょう。

●3年生のポイント ━━━━━━━━━━

《題材例》「絵の具と水の世界」

　　　　「春の食べ物をかこう」　など

（1）水で濃さを変えながら，様々な色を塗ったり線を描いたりします。水によって色や線の形が変わる面白さに気付くようにします。食べ物は嗅覚や触感を活用して描くので，新たな体験に子供は喜びます。食べ物の形は色の濃さを工夫するのにもよい題材です。

（２）映像や掲示物を使って，絵の具の使い方の基礎・基本を身につけます。筆洗は，分けて使うことが重要ということを最初に押さえます。

（３）教科書では，やってみたい題材を選ばせてみましょう。

（４）図画工作科の４つの評価の観点（関心・意欲・態度，発想や構想の能力，創造的な技能，鑑賞の能力）を子供がわかる言葉に変えて意識させましょう。（例えば「にこにこ」「いきいき」「わくわく」「きらきら」）

●４年生のポイント

《題材例》「絵の具でゆめもよう」
　　　　　「春の生き物をかこう」など

（１）水や紙，道具を使って試すよさを経験させます。ローラーを使ったりいろいろな紙を使ったりすると，様々な模様ができるでしょう。また４年生は理科で観察した生き物を記録するなどの活動があり，関連させるのもよいです。

（２）絵の具の使い方の指導は４年生であっても必要です。映像などを使って，絵の具の出し方，パレットの使い方などを復習します。

（３）教科書で，工夫がある題材を選ばせてみましょう。

（４）４つの評価の観点（例えば「にこにこ」「いきいき」「わくわく」「きらきら」）の中から自分でがんばりたいものを選ばせましょう。

第1章　図画工作科の授業で大切にしたいこと

●5年生のポイント

《題材例》「心のもよう」

　　　　　「アートカードゲームで楽しもう」など

（1）自分の気持ちを形や色で表す活動を工夫しましょう。イメージや理由づけを互いに伝え合い，形や色のイメージのとらえ方に気付くようにすることが大切です。またカードを使って能動的に鑑賞する学習も楽しいです。

（2）自分の感じた色をつくるために，パレットでの色の混ぜ方を中心に指導します。映像や掲示物は常時子供自身が見られるようにしておくと主体的な活動が生まれます。

（3）教科書で，自分で挑戦したい題材を選ばせましょう。

（4）4つの評価の観点をそれぞれ振り返り，自分のめあてをもたせましょう。

●6年生のポイント

《題材例》「想像のつばさを広げて」（導入）

　　　　　「小さな美術館」など

（1）表現につなげる鑑賞や，独立した鑑賞活動などを行います。優れた作品から，よさに気付く活動です。

（2）映像や掲示物は常時子供自身が見られるようにしておきます。ただし道具の確認は必ず行います。

（3）教科書で，みんなで挑戦したい題材を選ばせましょう。また，教科書を使った鑑賞授業もできます。

（4）4つの評価の観点にそれぞれ自分のめあてをもたせましょう。

（西尾　環）

授業開きで押さえたい
用具の使い方

　図画工作の授業開きでは，「楽しかった！　満足！」という喜びとともに，「用具の使い方もよくわかったよ」という気持ちをもてるようにしたいものです。そのためにも用具をそろえることは必須です。記名も全て終わらせておくことが大事です。

① 絵を描く道具

　学年最初の題材として，教科書の多くが「絵を描く活動」を取り上げています。実際，学校でも，4月に絵を描いている教室は多いでしょう。そこで，まずはパスやクレヨン，カラーペンや色鉛筆，絵の具道具の使い方を，授業開きの中で学ぶことが多くなります。最初の時間に，少なくとも次のことだけは，押さえます。

　　・机の上での置き方　　　　・箱の中での並べ方

　　・持ち方　　　　　　　　　・基本的な描き方

　　・ティッシュやぞうきんの利用法　・後片付けの仕方

（用具ごとの具体的な使い方については，第2章「絵画」のところで述べます）

　また，クレヨンやパスは使うほど短くなるので，紙を上手にむくことや，紙が破れてしまったときの補充方法（テープを巻く）なども教えておくとよいでしょう。カラーペンや色鉛筆は，使った後，キャップを閉めることを忘れない習慣をつけさせたいものです。

34

第1章 図画工作科の授業で大切にしたいこと

絵の具は前学年での保管状態が悪いと，スタート時点からつまずきます。パレットは洗ってあるか（広い部分），絵の具の色は全部そろっているか，筆先はいたんでいないか，ということは指導に入る前に点検しておく必要があります。

❷ 切ったり貼ったりする道具

日常よく使う道具として，はさみとのりがあります。授業開きで，折り紙や自分で描いた絵を切って貼るような学習をする場合もあるでしょう。そのときは，以下のことを最初に押さえておきましょう。

　・はさみの持ち方　　・基本的な切り方

　・紙の動かし方　　　・のりのとり方や付け方

　・貼るときの注意点

（これも具体的な使い方は，第2章「立体・工作」のところで述べます）

そして両方とも，使った後に閉じたりふたを閉めたりするなどの習慣をつけるようにしましょう。作業をしながらも，机の上を整頓することは大切です。はさみは特に安全に気を付けて扱うように留意しなければなりません。

また，段ボールカッターやカッターナイフを使用する場合もあります。使い方を誤ると危険のある道具ですから，教師が保管した方がよいでしょう。一斉に扱う場合は一斉指導を念入りに，個人で選んで使う場合には事前指導を十分に行うことです。さらに，のり以外の接着剤を使用することもあります。

接着剤は様々な種類があることを教えた上で，材料に合う接着剤を選ぶ大切さも知らせましょう。

（西尾　環）

35

授業で必要な材料の集め方

　学習に必要な材料を集めることを5W1Hの視点で考えてみましょう。

① 誰が（Who）集めるのか

　教師，子供一人一人，学級みんなで，グループでなど様々です。目的や意図によってケースは異なりますが，ここでは，子供あるいは子供たちに絞って考えます。

② 何を（What）集めるのか

　題材やねらいによって材料はある程度決まります。ただし例を示さないと子供によっては，何をどれぐらい集めてよいかわからない場合もあるでしょう。例えば1年生の「あきばこでどうぶつをつくろう」では，むやみに大きな箱を持ってこないとも限りません。展示や保管も考えて，大きさや必要な数をある程度示すことも大事でしょう。

③ いつ（When）集めるのか

　「明日，授業でつくるから集めておいで」と言われても，子供も保護者も困ります。せめて1週間前には予告して，材料を集めさせておきたいものです。また，授業の導入後，発想・構想の段階で，新たに持ってきたい材料が思い浮かぶ場合もあります。そのようなことを考えると，材料集めを見通した授業計

第1章 図画工作科の授業で大切にしたいこと

画が大切になります。

④ どこで（Where）集めるのか

各家庭で集めておく場合と，学校でそれぞれが集める場合があります。また，自然物は，校内の樹木園や地域の公園などにみんなで出かけて集める場合もあります。

⑤ なぜ（Why）集めるのか

基本的に，集めることから造形活動は始まります。発想・構想力を高めるのに役立ちます。また，関心・意欲をはかるバロメーターにもなります。

⑥ どうやって（How）集めるのか

家庭で集める場合は，早めに学級通信などで連絡をして協力をお願いしておきます。特に，透明のパックやペットボトルなどは，ゴミとして出す前に保管しておいてもらうとよいです。自然物は，地域の実態によっては，保護者と一緒に小枝や木の実などを取りに行くことをお願いする方法がよいところもあるでしょう。

学校ではプリンカップやトイレットペーパーの芯など，一斉に数多く集めることが可能です。日頃から，教室や図工室に「ざいりょうたからばこ」として箱をつくっておけば，日常から，学校で集まっていきます。必要なときにそこから探して取り出せるという利点があります。

（西尾　環）

評価

図画工作科の評価は「子供の学び」を知ること

　子供は生まれたときからいろいろなものや人と関わり合いながら生きています。

　目の前にある物を見たり，触って感じたりして，次第にどんな形にしようか考えます。そして，用具を使ったり，表し方を考えて工夫したりしていきます。これらの力が自然に発揮されている姿をしっかりととらえることが大切です。

　つまりできあがった作品ではなく，子供がどんな力を発揮し，子供が何を考えているのかを知ることです。そのためには，子供の活動の様子をつぶさに観察することです。

　子供は自身のもっている力を最大限に発揮して，つくり出す喜びを味わっているのです。

第 1 章　図画工作科の授業で大切にしたいこと

（森實祐里）

4 観点別の評価ポイント

【造形への関心・意欲・態度】

自分の思いをもち，進んで表現や鑑賞の活動に取り組み，つくり出す喜びを味わおうとしているかを評価します。

　子供の発言や行動，ワークシート，レポートの作成，発表など，学習活動を通して評価します。

　「早くやりたい」「じっくり見たい」「もっとつくりたい」「面白い」「作品を大切にしたい」など，子供の行動から観察するようにしたいところです。

　持ってきた材料の数や種類，挙手や発言の回数などの表面的なものだけで評価をしないようにしましょう。

【発想や構想の能力】

感じたことや材料などをもとに表したいことを思い付いたり，形や色，用途などを考えたりしているかを評価します。

　表現のはじまりや過程での子供の発言や行動から評価します。ワークシートや感想文などからも読み取ることができます。

　「いいこと考えた」「こうやってやろうよ」「この材料が使えそう」など，子供の頭の中で考えていることを見取ります。

第1章　図画工作科の授業で大切にしたいこと

【創造的な技能】

感覚や経験を生かしながら，表したいことに合わせて材料や用具を使い，表し方を工夫しているかを評価します。

単に材料や用具を使っているかを評価することではありません。どんな使い方を考え編み出しているのかを子供の活動を通して評価します。たくさん試して，自分の使い方を獲得していく姿で評価します。

「これ，見て」「こうやって使ったんだよ」「ここに使ってみたよ」と自分が考えたことを教師に伝えてくれることがありますので，どのように工夫したのかを聞き取るといいでしょう。

【鑑賞の能力】

作品などの形や色などから，表現の面白さをとらえたり，よさや美しさを感じ取ったりしているかを評価します。

子供自身が何を美しいと感じ，何をよいと考えているのかを具体的にとらえていきます。

単に楽しんでいる姿だけで評価しないようにし，どこから何を感じたり考えたりしているのかを明確にしていきます。そうすることで，子供がどの形から，どの色からとらえているのかがわかります。

「この形が強そう」「この色がきれい」「なんか海みたい」など一人一人の言葉を聞き逃さないようにしましょう。このとき，ワークシートや感想文などを使うのもいいでしょう。

(森實祐里)

評価ポイント①
作品の「どこ」を見るか

　子供の活動から評価しますが，授業時間に全員を見取ることができない場合があります。授業後に残された作品から評価するときには，作品の評価にならないように気を付けましょう。

●子供の声を聞く

　「子供の作品を見る」とは「作品から『子供の声』を聞くこと」です。

　作品だけを見ると表現のよしあしやできばえを見てしまいがちです。それは見る人の価値基準を根拠にした判断です。

　図工の評価は作品のできばえではありません。

　「子供の声を聞く」ためには，子供が実際に作品をつくっているときと

同じ方向や距離

から見てみましょう。すると，その子が何を感じ，何を考え，何を使い，どの順番でつくったのかなどを想像することができるでしょう。どこを工夫し，どこで苦労し，どこがお気に入りなのかなどの子供の行為や思考が見えてきます。そして，作品が，つくった子供の思いを語ってくれます。

　作品をつくっている子供になったつもりで，近づいてください。子供の声が聞こえてくるはずです。

第1章　図画工作科の授業で大切にしたいこと

●子供の活動をたどる

　「作品の評価」ではなく,「作品からの評価」をしましょう。つまり,作品から子供がどんなことをしていたのかを見ます。子供の製作の順番をたどっていくといいでしょう。

　まずは,子供が

　どこから始めたのか

を見付けてみましょう。

　例えば,絵の場合はどこから描き始めたのかを考えることによって,筆の使い方を工夫していくのがわかります。絵の具の水加減がだんだんと少なくなり,はっきりとした線を描いたりしっかりとした色で描いたりできるようになっていくのがわかります。

　工作の場合は,どこから接着していったのかを考えてみると,苦労していた部分から,徐々にしっかりと接着されていった部分を比較できます。このように,接着の仕方の工夫などを見付けることができます。

（森實祐里）

43

評価ポイント②
表現活動の「どこ」を見るか

　子供の活動中は，発想や構想の能力がたくさん発揮されています。

　創造的な技能を発揮している姿もたくさん見られます。見逃さないようにとにかく子供の活動をしっかりと見ましょう。

●活動の変容から

　教室を一回りして来ると，子供の活動が変わっていることに気が付くでしょう。

　どこが変わったのかよく見てください。様々な工夫が見られることでしょう。材料の特性を生かしていたり，用具の使い方を獲得していたり工夫していたりする姿が見られるでしょう。

●対話から

　子供の活動からだけでは発想や構想の能力がどのように発揮されているのかわからないことがあります。

　「お話聞かせて」

と話しかけてみましょう。どのような経緯でこのような形や色にしたのか聞かせてくれるでしょう。

　「これからどうなるの」

と投げかけると，この先，どのようなことを考えてつくりたいのかを教えてくれます。

第1章　図画工作科の授業で大切にしたいこと

●何を使っているのか

　子供が表したいものやことに合わせて，それを実現させるために材料や用具を選んでいることがわかります。材料の質感や色を選ぶときには，つくりたいイメージと関連した理由があります。

　子供の行動を見ていると，友達の活動を真似ていたり相談したりしていることもあります。

　1人の子供に焦点を当てて見ることと，少し離れて広く見ることを使い分けてみましょう。

　広く見ると，子供は様々なものや人と関わり合って活動を進めていることがわかります。

●子供の視線を追って

　子供の活動が一瞬止まることがあります。休憩しているのではなく，思考しているのです。

　そのとき，子供は周りの様子を見ています。必要な情報だけを取り入れて，自分の表現に生かすことがあります。

　何を見て，どこから情報を得たのか，子供の視線を追ってみてください。

（森實祐里）

評価ポイント③
鑑賞活動の「どこ」を見るか

　作品のどの形や色などから，表現のよさをとらえたり，面白さを感じ取ったりしているのか，またはイメージしているのか把握できるようにしましょう。

●遊んでいる様子で

　友達とつくった作品で遊んでいる様子を観察しましょう。仕組みの面白さや仕組みと飾りの関係性に着目してお話しているのが聞こえてくるでしょう。

　また，友達の作品のよさを感じ，紹介してくれる子供もいます。「どこ」に着目したのか，それがどのようなイメージなのか，耳を傾けてみましょう。

　作品のポーズなどの真似をする子供もいるでしょう。このとき，何になっているのか，どんな気持ちなのか，ポーズや視線，表情などから考えているかどうか見取ります。その後，どんな気持ちなのか聞くようにしたいところです。

●対話で

　どこが好きなのか，どこが面白いのかなどを聞きましょう。

　このとき，「なぜ」ではなく，「どこ」と聞きましょう。

　自分のお気に入りの場所に付箋を貼らせる場合は，理由を書かせるようにしましょう。

第1章　図画工作科の授業で大切にしたいこと

●活動で

アートゲームを取り入れる場合は，ゲームの属性に引っ張られ，鑑賞の目標を忘れないようにしましょう。

勝ち負けではなく，あくまでも作品を見るための手立てとしてのゲームです。

どれだけ絵をじっくりと味わうことができたかを実感できるように振り返りをするといいでしょう。

子供自身も振り返りを発表することにより，作品を鑑賞するよさを実感できます。

●ワークシートで

全員からお話を聞くのが無理な場合は，ワークシートを用意します。

形や色，イメージなどに着目させてそこからイメージしたことを書くような形式の物を用意するといいでしょう。

国語の評価ではないので，たくさん書けたり豊かな表現力で書けたりということで評価しないように気を付けましょう。

（森實祐里）

「先生，見て！」に対しての
声かけのポイント

　たくさん工夫したことを教えたい，がんばったことをほめて
もらいたいという子供の気持ちに寄り添う声かけをします。

●変わったところを見付ける

　「〇〇色を塗って，夕方にしたんだね」
　「全部，接着できたね」
　「大きくなったね」
と伝えると，安心して次の活動に臨めるでしょう。

　低学年に多いこのタイプの子は，教師のことが大好きで，す
ぐに見せたいと思っています。持ってきた作品を見るだけでな
く，変わったところを伝えると，気付いてもらえたことが嬉し
くて，さらにつくり続けます。

●おすすめを聞く

　「気に入っているところを教えて」
　「どこから見たらいいのか，おすすめのところを教えて」
と聞き出し，子供の取り組みのよさを認めるといいでしょう。

　さらに，「これからどうなるの」と聞くと，もっと「こうし
たい！」という気持ちが芽生えるでしょう。

　「こうしたら」という教師の思い付きを伝えるのは，子供の
思考の妨げになりますので，避けてください。

　何度も見せにきて，落ち着いて活動できない子もいます。自

第1章　図画工作科の授業で大切にしたいこと

分の考えを確認したかったり，先生の許可を求めたかったりするためです。そのような場合には，次の声かけ等が効果的です。

●後で見に行く約束をする

「次に見に来るときにはどうなってるかな」
「また見に来るからね。ここで待っていてね」
この場合，必ず約束を守りましょう。

●立ち歩かない約束をする

「先生が回ってくるまで，自分の席でがんばっていてね」
「見せに来なくても大丈夫だよ。後でゆっくり見せてね」

●場の設定を工夫する

　1人で活動することを不安に感じる子供もいますので，座席をグループやペアなどにします。子供同士，お互いが見えるように輪になって座るのもいいでしょう。
　いつもすぐに見せに来る子を教師が一番通る通路の近くの座席にするのも効果的です。

●考えることの大切さを伝える

　すぐにできたと思うのは，題材の設定や発問に問題がある場合があります。振り返ってみてください。
　たくさん考えて，たくさん工夫したことを常に評価していくと，子供はたくさん工夫するようになっていきます。

（森實祐里）

デジタルカメラで記録をとる

　作品だけでなく，子供の活動の様子を撮るようにしましょう。

●評価として

　教師が純粋に「すごい」と思った行動や取組をデジカメで記録しておくと，評価に使うことができます。

　　・写真に写っている子供はＡ

　　・写っていない子供はＢ

　　・支援した子供で変容のなかった子供はＣ

ということになります。

　誰が，何を使って，どんなことをしているのかわかるように撮影します。

　　・夢中で活動しているとき（関心・意欲・態度）

　　・用具や材料に触れて，考えているとき（発想や構想の能力）

　　・用具や材料で何度も試しているとき（創造的な技能）

　　・友達の活動を見ているとき（鑑賞の能力）

　　・作品で遊んでいるとき（鑑賞の能力）　など

●掲示物として

　保護者に子供のよさを伝えるときにも役立ちます。

　この場合は，なるべくたくさんの子供の写真を撮るようにし

ます。1枚に，数名を入れてもいいでしょう。

　どんなよさが発揮されていたのか，吹き出しなどでコメントを書きます。

　造形遊びなどはこの方法でお伝えするといいでしょう。また，材料をたくさん集めていただいたお礼にもなるので，一言お礼の言葉を載せることも忘れないようにしましょう。

●記録として

　作品を撮る場合は，つくった子供も一緒に撮影するといいでしょう。

　誰がどの作品をつくったのかがわかるだけでなく記録として残すことができます。

　立体などは家庭に持ち帰ってしまうと，作品が残らない場合が多いようです。作品集などを学年末に作成する場合は印刷して入れてあげると喜ばれます。

（森實祐里）

共同製作の評価

　共同製作とは，２人以上の集団で１つの作品をつくることです。共同製作の評価を２つの視点で述べましょう。

① 集団に対する評価

　この場合，次のような観点をもちましょう。

・子供たちは協力しているか，一人一人が共に参加しているという実感をもってみんなで活動しているか（関心・意欲・態度）

・全員の話し合いによってアイデアが生まれ，計画を立てられたか（発想や構想の能力）

・いろいろな技能を使って共同でつくるよさのある作品に仕上がっているか（創造的な技能）

　共同製作と言っても，子供が決められた部分を受け持つという活動に終始しないようにしなくてはなりません。それぞれの考えや技能が生かされるとともに，

「１人ではできなくても，人と力を合わせるとこんないいものができるんだ。みんなでつくるって楽しい！」

というような思いが学級全体に生まれることが，共同製作のよさなのです。

　また，グループごとに自分たちでめあてをもたせ，適宜自分たちでグループ自己評価をさせていくと，個人製作とは違った表現のよさに自分たちで気付き，満足感も高まります。

第1章　図画工作科の授業で大切にしたいこと

② 集団の中で活動する個の表現の評価

　これは，多くの教師が悩むところです。しかし，個々の活動に対する評価の観点を明確にもっておけば，そう難しいことではありません。

- ・他者に関わって活動したり，共同の作品をつくろうとしているか（関心・意欲・態度）
- ・自分なりのアイデアをもち，他者に伝えたりしているか，集団の一員として自分の活動に見通しをもった計画を立てられたか（発想や構想の能力）
- ・共同作品の中で自分が表したいことを，自分なりに表すことができたか（創造的な技能）

　共同製作では，個人のアイデアや構想をメモしたりスケッチしたりさせておくことは大切です。グループで話し合ったときのアイデアスケッチも同様です。個々の発想が共同の構想となり，表現へとつながっていく様がわかります。よい発想は子供同士で評価し採用されていきます。また共同による製作中に，

　　「ここは面白いね。誰のアイデアなの？」

と問いかけることで，明らかになる事実もあります。

　さらに子供への声かけの工夫と対話も重要です。

　　「○○さんが表したおすすめのところを教えてね」

と話しかけることで，子供は，思いを表したところを得意になって教え始めます。共同の中での個の表現と思いを把握することができるのです。

　さらに完成した作品を見せ合う鑑賞会は必ず行いましょう。作品のよさを見合う中で，個人のよさを発見することもできます。

（西尾　環）

53

第2章

図画工作科の
授業を
はじめよう

　いよいよ、授業づくりです。

　まずは、図工室（図工教室）の使い方と教室レイアウトを押さえましょう。子供が安全に楽しく活動するために、教室環境の整備は欠かせません。

　そして、授業づくりの１時間をイメージしてみましょう。

　どんな風に進めようかな、導入で子供の心をとらえるにはどうしたらいいかな、どんな言葉かけが子供のやる気を引き出すかな、授業まとめや評価はどうすればよいかな、片付けも忘れ

ちゃいけないぞ，苦手な子への支援はどうしよう……子供たちの様子を思い浮かべながら，一緒に考えていきましょう。

　さらに，図画工作科は，領域ごとに，指導する要所や道具・用具の扱い方も様々です。ポイントを押さえて，子供が楽しみながら力をつけていく授業づくりを目指しましょう。それぞれの活動では，具体的な写真とともに解説をしています。ぜひ参考にしてください。

教材研究

教科書の使い方

　図画工作ほど，色が鮮やかで，視覚に訴える教科書はないでしょう。子供の姿も多く見られ，活動の様子が思い浮かぶ内容です。新学期に各教科の教科書を配布すると，図画工作の教科書を一番に手に取って，わくわくしながら中を見る子供も多くいます。教科書の活用を工夫することで，授業がさらに充実するにちがいありません。

❶　各題材のポイントを押さえる

　一つの題材が，１ページか２ページで掲載されており，見やすくなっています。複数の参考作品，描き方や作り方のポイント，材料の扱い方などがコンパクトに示されており，とても役立つ内容です。

　ただし，教科書を見ている子供の側からすると，わずか１，２ページの中に様々な情報が存在しており，意識が散乱する恐れもあります。

　そこで，ある部分に着目させたい場合は，実物投影機を使って教科書をテレビに映し出し，その部分だけをクローズアップするとよいでしょう。また，タブレットで写真を拡大したり，必要な部分を切り取って提示したりするという方法もあります。

❷　独立した鑑賞学習に活用

　教科書の最初のページや見開きには，子供の目を引く芸術的

第2章　図画工作科の授業をはじめよう

な鑑賞作品が載っています。作家の思いやちょっとした解説，子供の作品が掲載されている教科書もあります。

　さらに，郷土の伝統工芸作品，町のアート，美術館と連携した活動や展示の風景など，造形活動の視野を広げるのに適した写真や資料もあります。

　これらは，形や色に着目して楽しく作品を見ることを意識づけるには，とてもよいページです。授業開きなどで，ぜひ活用したいものです。

③　学習のめあてや評価に役立てる活用

　目次のページには，学習する題材とともに，身につけたい力や，活動の観点など図画工作で大切にしたいことが示されています。しかもそれを，子供のわかりやすい平易な言葉やマークで表しています。それらのことを時間をとって子供に知らせ，毎時間の学習のめあてをもつ手がかりにさせましょう。

　また，各題材のページごとに振り返りの仕方（評価の観点）もあり，子供が自己評価するのに役立ちます。

④　道具の使い方の基礎・基本を学ぶ手助けに活用

　教科書の最後のページには，各学年で使う用具の紹介や使い方が，図や写真入りでわかりやすく示されています。実際に道具を使う指導の際に，このページの存在を知らせましょう。

（西尾　環）

指導書の使い方

　現在，図画工作科の教科書は2社しか出していません。それ
ぞれが出す「指導書」は非常に工夫されています。しかし，学
校の片隅に封も切られずに置いてあるのを見たことはありませ
んか。実は使わないともったいない資料がたくさんあるのです。

❶　誰にでもためになる「使える」指導書

①教科書解説，指導案，実践事例集

　指導書セットには多くの資料が入っています。各題材に合わ
せた「指導案」はもちろん，年間指導計画や評価規準の例や実
践事例なども載っています。さらにそのデータがCD‐ROM
やDVDになっているものもあります。

②用具・材料編

　各段階に応じた用具や材料の特徴，その使い方などがまとめ
てあります。実際に道具を使う映像がDVDにまとめてあり，
さらにわかりやすくなっています。

③大判掲示資料（掛け図）

　黒板や掲示板に掲示し，子供たちの意欲を喚起したり，自ら
情報を獲得したりできる環境をつくるために活用できます。

④用語集

　指導書内にページを割いているものや別冊のものもあります。
わかっているようでも，意外に子供に説明できないものがある
ので，しっかり確かめておかなければなりません。ただし，せ

っかく知った言葉だからと教師が無駄に使いたがると子供の関心が離れてしまうことがあるので注意が必要です。

⑤アートカード

アートカードの大切さはいずれにも記載されています。入手の方法を具体的に記載したもの，アートカードを低・中・高学年でそれぞれに選定したものとそれぞれです。ねらいや活動の仕方を工夫して活用できるでしょう。

⑥評価

「どう評価したらいいのですか」としばしば聞かれるのですが，指導書には，できた作品だけから評価すればよいのではないことが，わかりやすく述べられています。観点別にどこに視点を当てて子供を受け止めたらよいのかがまとまっているのはとてもありがたいことです。

2 効果的に使うために

校内研修や学年研修の中でじっくり活用（読むだけでも）することをぜひおすすめします。「糸のこぎり」や「彫刻刀」の使い方などはよく見られますが，「接着剤」や「はさみ」などは案外自己流だったりします。学年に合わせた用具の基本的な使い方などが具体的に書かれています。

同梱された DVD で，子供を対象とした映像は，授業の中で自主的に見るコーナーをつくることが可能です。しかし，教師向けのものもあるので，自由に使わせるには注意が必要です。表現したいことに合わせて，子供が自主的に取り組める学習環境をつくり，適宜適切な助言をするため，指導書を積極的に活用して授業を充実させていきましょう。

(岩﨑愛彦)

教材研究のポイント

　教材研究は必ず行いましょう。その方法はいろいろあります
が，まず，以下の３点をしっかりと考えます。

　　・題材のねらいと子供に育てたい力
　　・授業で扱う素材や材料の内容，必要とする技能
　　・題材やそこで扱う材料（教材）の子供にとっての価値

　この３点が抜けていると，いくら教材研究をしても，授業に
生かせないことが多いためです。

　その上で，まずはいろいろな**材料**を比べます。例えば段ボー
ルの厚さ，広さ，強度などは，素材によって多様です。いろい
ろな段ボールを手で触って試してみながら，
　授業で育てたい力に沿ったものを選ぶ
ようにします。ここがとても大事だからです。

　また，先に**材料の吟味**をするのもよいでしょう。
　実際につくってみる
というのも大切です。やりながら，材料はもっと大きい方がい
いかなとか，道具は何を用意したらいいのかなど考えながらつ
くることができるからです。何より，子供の気持ちがわかりま
す。今までの経験からたぶんこうなるだろうと思ってみても，

第2章　図画工作科の授業をはじめよう

やってみてはじめて気が付くことも多いものです。

それから，試したり考えたりするときは，
同学年の先生と話しながら行う
のもよいでしょう。一緒に教材研究を行うと様々な考えに触れることができ，とても面白いです。また，研究会の仲間と語り合うことも勉強になります。一人だけでは想定できない考え方や使い方，見方，子供に材料を提示するときの方法などを出し合えるのがメリットです。

何より，**子供がどんな経験をしているのかを踏まえて，材料や題材を提示する**ことが大切です。授業を組み立てる上で，欠かせない視点です。

最後に，子供に「やってみたい！」というわくわく感をもたせるようにするためには，**題材名の吟味**も重要です。これは，目の前の子供をしっかりと見ていなければできません。今までの子供，一般的な子供というより，
実際に活動（学習）をする子供がどのように反応するのか
をしっかりと考え，授業を組み立てていくことが，教材研究をする上では外せないでしょう。

（西尾　環・森實祐里）

63

授業づくり

図工室の使い方・つくり方

　図工室は教室や廊下など他の場所と使い分けをするといいでしょう。活動内容に合わせて使ってください。

① 図工室のよさと使い方

●水まわり

　絵の具や水などを使う活動では適しています。

　ニスを塗った後などの筆もすぐに洗うことができます。

　粘土板はすぐに水洗いせず，しっかりと粘土を落としてからきれいにしてください。（排水溝が詰まってしまうため）

●机（作業台のような大きな木の天板の場合）

　のこぎりを使うときには万力を使用することができます。

　木の天板なので，釘を打つときもいいでしょう。（木の下には滑り止めに雑巾を敷くなど工夫してください）

　大きな天板なので，大きな紙に絵を描くときもいいでしょう。

●焼き窯

　乾燥させてから焼き窯に移動するときに，落としたりぶつかったりして，作品が壊れてしまう可能性があります。

　できれば，図工室で製作し，図工室の棚で乾燥させ，焼き窯までの移動距離を短くしたいところです。

第2章　図画工作科の授業をはじめよう

② 図工室のつくり方

●掲示物

　用具の使い方の掲示物を用意しましょう。（指導書などに入っていることがあります。自作してもいいでしょう）

●棚

　子供が使いやすくて出しやすいことが大切です。

　一目でどこに何があるのかわかるように表示します。

　安全な物は準備室ではなく図工室に置いておくと，子供が自分たちで用意できます。

●材料コーナー

　すぐに集められる物となかなか集められない物があります。

　集めにくい物は「ざいりょうたからばこ」などのコーナーを作っておき，いつでも持ってきてもらえるようにするといいでしょう。

　　・集めやすい物…牛乳などの紙パック，ペットボトル，割り箸，包装紙など

　　・集めにくい物…卵パック，ラップなどの紙の芯など

　材料の端や余った物などをくれる工場やお店があります。（例：木っ端，ビニル，剪定した枝，石，段ボール，空き箱）

　校区や近隣等で探してみてください。素敵な材料に出会えるかもしれません。

（森實祐里）

65

図工の授業の進め方

　授業時間が限られているので，活動時間の確保が重要です。
　そこで，第1時から活動をスムーズにスタートするための工夫をしましょう。

●0時目

　材料に浸らせることが大切です。そのために

①材料集めを1カ月前から行い，意識を高めるようにします。

②材料の仕分けを掃除当番の子に担当させ，どのように仕分けるのかも考えさせるといいでしょう。並べ方や分け方から，形や色，イメージをつかんでいきます。

③休み時間に集めた材料を使って一緒に遊び，材料の可能性を一緒に探っていきます。

④さりげなく教室に飾っておくと，形の面白さや色の美しさに目が向くようになります。

⑤朝，教室に入ってきたときに教師が材料で遊んでいると興味をもち，子供たちもやってみたくなります。

　授業時間以外で材料に触れる機会を多くつくるように心がけましょう。

　子供は材料に触れることで，特性を知り，発想が広がります。
　この0時目の活用はとても効果的です。

第2章　図画工作科の授業をはじめよう

●他教科での学習などを生かす

　無理のない題材の設定で，思いをふくらませる導入を短縮させていきましょう。

①子供の生活の中から題材を見付ける。

②使ったことのある用具や場所で行う。

　他教科でも図工で学んだことを活用していくことをおすすめします。また，他教科での用具の活用が図工の学習に生かされることもあるでしょう。

③プリントをまとめるときやしおりを作るときなどで，のりの使い方や準備の仕方，接着する仕組みを教える。

④図形などの学習で，はさみの使い方を指導する。

⑤図形などの学習で，粘土を活用してみる。

⑥ポスター作りなどで，目立つ色や文字を目立たせる工夫を教える。

⑦配布物などの片付け方で，紙の折り方や紙の特性を教える。

●「ざいりょうたからばこ」を設置する

　常に図工室や図工準備室に材料をストックする習慣をつけておくと，子供たちが家から自主的に持ってきたり，給食で出た容器や教材などの捨ててしまう物を大切に集めて取っておいたりするようになります。

　　・給食で出た納豆やゼリーのカップ

　　・教材が入っていた箱や袋

　　・きれいな色や銀色のお菓子の袋や包装紙

　図工の学習だけでなく，学級活動や行事でも活用できます。

（森實祐里）

67

導入で子供の「〜したい」を 強くする工夫

　題材と出会う導入で，子供が
「自分の作品をつくりたい！」
という思いを強くもつと，その後の一人一人の活動は活発化します。しかし，
「今日は〜をつくりますよ。めあては〜です」
だけでは，子供の「つくりたい感」は強まりません。やはり，最初の参考作品や素材との出会わせ方に，工夫が必要です。

❶　実物の参考作品との出会い

　子供たちを前に集め，かぶせた布をそっとめくって参考作品を見せるだけでも，子供たちの興味は集中します。

　参考作品は学校に残っている先輩たちの優れた作品を見せるのもよいですが，教師の自作した参考作品はさらに盛り上がります。つくるのが面白かったところや難しかったところを語れるからです。目の前で実物を見ながら対話をするだけで，子供のモチベーションは高まります。

❷　心地よさを感じる素材の提供

　土粘土の塊をどんと置いて「触ってごらん」と言うと子供たちは喜んで触ります。

　「気持ちいいなあ。この土粘土は面白い工夫ができそう」
と，触感でよさを味わいながら話をしたり，自由に形を変えて

いったりします。そこから作品づくりをスタートさせると素材のよさを生かしてつくりたいという意欲が高まります。造形遊びでは特に，素材の選定や与え方は大切です。

③ ICTの活用

どうしても実物の参考作品が準備できないときは，画像や映像による作品提示という方法もあります。実物のよさにはかないませんが，その分，部分を拡大して見せると，
「驚いた！　このように表していたのか！」
と，表現のよさに気付きます。特に工作は見えない部分や，仕組みなどに対して子供が，あの部分はどうなっているのか？という疑問をもったとき，全員に見やすいよう，拡大した映像で何度も見せることもできるのです。

また，参考作品を数多くデータ化してストックしておき，必要なときに子供自身が参考にして，発想や表現に役立てるのもICTのよさです。

④ 安心感をもたせる言葉かけ

中には，最初から「こんなにうまくできない」「自分は苦手だ」という意識が，つくりたいという意欲の前に立ちはだかっていることがあります。そのような子供には，
「図画工作は，人と比べて上手下手を決める学習ではない」
「自分なりの表現や工夫をすることが大事」
「それぞれの作品は全てよさがある」
ということを導入の時点でしっかり話すのです。そのような教師の声かけで，子供にきっと安心感が広がるでしょう。(西尾　環)

69

子供にかける魔法の言葉

　前項で述べた子供の「〜したい！」が持続していくためには，教師の関わりが大切です。

　子供の活動を大切にした言葉をたくさんかけてあげてください。

授業のはじまり ──────────────────

　ねらいを明確にして，板書しておくといいでしょう。

○思いをふくらませるために

　「さあ，○○ちゃん（題材名）に会いに行こう」

　…（題材を意識するように）

　「自分だけのとびきりの○○（題材名）を考えたかな？」

　…（発想や構想の能力が見られるように）

　「今日もみんなの素敵な工夫をたくさん教えてね」

　…（創造的な技能がたくさん見られるように）

○材料・用具を大切に

　活動が始まる前に必ず押さえておきたいことを伝えます。板書したり，試技したりすると効果的です。

　「安全に使おうね」

　…（「危険」や「危ない」という言葉は使わない）

　「こんな使い方は○○ちゃん（用具）が喜んでくれるよ」

○片付けの指示を明確に

　「○○ちゃん（用具）は元のお部屋に帰してね」

「○○ちゃん（用具）をきれいにしてあげてね」

活動から

○共感する

活動していることを認め，一緒に考えたり，喜んだりしてください。それが評価にもつながります。

「ここ，よく考え付いたね」（発想や構想）（形や色）

「こうやって付けたんだね」（工夫）（形）

「だんだんと海みたいになってきたね」（イメージ）

○活動したことを言葉にする

まだ活動のはじまりで何を認めていいのか悩んでしまう場合は，とにかく子供の行為を口に出してみましょう。

子供は教師が自分を見てくれていると感じ，もっと考えようと思ったり，考えていることを口にしてくれたりします。

「ここを黄色にしたんだね」

「二つ合わせてみたんだね」

作品から

○価値づける

「手が大きくて，強そうだね」（形から）

「この色が冷たく感じるね」（色から）

「たくさんトッピングがあって，おいしそう」（工夫から）

教師自身が感じたことを具体的な言葉で伝えてみましょう。

そうすることで，子供は教師にたくさんのお話を聞かせてくれるようになることでしょう。

子供の「～したい！」という心のエンジンが止まらないような言葉をたくさんかけてみてください。

（森實祐里）

子供の活動を支援するポイント

① 活動の場を決める

　題材の特色や学習の内容によって，どの場所（教室，図工室，体育館，野外など）での活動がふさわしいか決めます。

　教室外であれば，他の学年の利用と重ならないか事前に把握しておくことです。外での活動ならば活動できる場所の範囲を明確にしたり，数カ所指定したりしておくことが，安全面からも必要です。また，天候への対応を考えておく必要があります。

② 活動の形態を決める

　学級全体で教師の話を聞いたり，全員で話し合ったりする場合は，教室ならば机を前に向けた形がよいでしょう。

　他者と交流を図りながら製作を行う場合や，道具や材料を共同で使う場合は，机を寄せ合い，互いの顔や製作の様子が見えるようにしましょう。図工室はその形です。

　場合によっては自由に動き回る空間をつくったり，床の上で作業してもよい場所を指定したりすることでしょう。

③ 見通しのもてる板書をする

　黒板に，活動の流れや手順を示しておきます。また，今行っている活動がわかるカード（「おためしタイム」「アイデアタイム」「せいさくタイム」「みるみるタイム」など）を提示することで，子供は今自分が何をしているか，その後どう進むのかな

第2章　図画工作科の授業をはじめよう

ど，見通しをもって活動することができます。

④　関わり，考える場をつくる

　図画工作では，材料を手にして試行錯誤する時間が重要です。また，必要な材料や道具は何か，どうやってつくるのか，ちょっと立ち止まって考える時間も大切です。いわゆる，発想・構想の時間。考えを友達に話したり，アイデアを書いて他者に説明したりする場をつくります。新たなアイデアが思い浮かぶこともあれば，自分の考えの甘さに気付くこともあります。

⑤　一人一人の動きに対する声かけを

　子供の活動中は，個々に合った声かけをしていきましょう。
　自分でどんどんつくっている子供には，
「よくできているね。できあがりが楽しみ」
とほめたたえます。友達同士で話している子供には
「教え合うことでアイデアは広がるね」
とアイデア交換のよさを奨励します。困った表情の子供には
「何をつくるのか，先生に教えてくれない？」
と声をかけて，今の状況を把握し，アドバイスをします。

⑥　製作途中の作品の保管場所の確保を

　作品をどこに置くか，教師が場所を決め，子供にその場所にきちんと置かせるようにしましょう。製作途中の友達の作品には触らないよう注意しつつも，製作途中の作品を鑑賞すると，自分の表現に役立つと知らせておくとよいでしょう。

（西尾　環）

73

終末〜授業のまとめと
評価のポイント

　作品が完成したら，必ず最後に「鑑賞」と「振り返り」の時間をもちましょう。

① 「鑑賞」の大切さ

　鑑賞の視点には，導入でめあてとしたことを必ず入れます。何をねらいにつくったか，それがどう表現されているかを子供たち自身が自覚し，そのフィルターを通して作品を見ることで，鑑賞力が高まるからです。

　また，題材の終末には，それまでつくってきた作品が完成した喜びを，多くの子供が感じていることでしょう。互いの作品を見てよさを発見し伝え合う活動を行うことで，完成の満足感は一層強くなります。

　中には，思い通りに仕上がらず，やや不満足な子供もいます。

　しかしよさを伝えられると

「え？　自分ではそう思わなかったけど，人はここをほめてくれた。意外だけど嬉しい。がんばったかいがあった」

と，マイナスがプラスに転じたり自尊感情が高まったりします。ですから，友達の作品を見るときは，視点はあっても，それ以外のよさをたくさん発見し相手に伝えるようにします。

② 自己評価の視点は「4つの力」と「心」

　授業では自己評価をします。それは1時間ごと，段階ごとに

第2章　図画工作科の授業をはじめよう

行いますが，題材の終末にも，必ず全体を振り返る場をもちましょう。

　自己評価は，4つの評価の観点で行います。それも，子供にわかりやすい言葉で示しましょう。

（例）関心・意欲・態度－「にこにこ」

　　　発想や構想の能力－「わくわく」

　　　創造的な技能　　－「いきいき」

　　　鑑賞の能力　　　－「きらきら」

　また評価のレベルも低学年では2段階（よい・がんばろう）でもよいですが，中高学年では3段階程度（とてもよい・よい・がんばろう）の評価がよいでしょう。振り返りカードを作って，簡単な記述表現もあればさらによいです。

　また，「うれしかったこと，楽しかったこと，よかったこと」といった内容の欄を作って，振り返るようにすると，図画工作の目標である「豊かな情操を養うこと」へのつながりも強くなります。

③　教師からの温かいコメント

　授業後は，作品評をつけ，丁寧に展示します。その際，教師からのコメントも忘れないようにしましょう。子供にとって教師からの温かい一言は格別です。

（西尾　環）

片付け指導のポイント

　片付けも授業です。きれいに，すっきり片付けましょう。
　子供が夢中で活動した後も，充実した気持ちで活動が終われるように一工夫すると素敵な時間になります。

　子供は先ほどまで夢中で活動していました。
「がんばって！」
と言ってくれていた教師が，終了時刻に
「早く片付けて！」
と言って，子供はすぐに動くでしょうか。
　「材料や用具は大事に使いましょう」と教えたのは教師です。
「ゴミを拾って！」という教師の言葉で，今まで大切な材料だったものが突然ゴミに早変わりしてしまいます。
　片付けも意欲的に行う子供の姿になるように工夫しましょう。

　自ら片付けを始める方法を，３つずつご紹介します。

終了時刻お知らせ編 ━━━━━━━━━━━━
○予告しておく
　活動に入る前に，あらかじめ終了時刻を伝えておきます。
（見通しをもって活動するようになります）
○終わりの音楽
　終了時刻に毎回決まった音楽でお知らせします。（踊ったり

歌ったりしながら片付け始めます）

○共感する

　終了することが残念だと思う気持ちを伝えます。（次に何があるかを考えられる学年は，自ら片付け始めます）

ゴミ編 ━━━━━━━━━━━━━━━━━━━━━

○ 「ボックス」

　チラシなどを折り「ボックス」を作り，その中に使えなくなった材料を入れていくようにします。「ありがとうボックス」や「さよならボックス」など子供と名前を考えるといいでしょう。（あらかじめ作っておき，ゴミといっしょに「ボックス」もゴミ箱へ捨てられるようにします）

○「思い出袋」

「思い出袋（ゴミ袋）に入れてね」と言います。思い出なので，子供たちは大切に拾い集めてくれます。その袋に目を付けて飾ったり，リボンを結んであげたりするとお掃除の後も満足します。

○「魔法のかけら」

「魔法のかけらを集めよう！」と投げかけ，袋に集めます。

　魔法が解けて元の場所に戻ったことを確かめて，授業を終わるようにしましょう。こうすることで，小さなかけらまで必死に集めてくれる子供の姿が見られます。

（森實祐里）

理解と支援

活動が苦手な子への
声かけのポイント

　表現する場面で，活動が滞る子供がいます。そんな子供の心の中には，様々な「不安」が存在しています。教師はそれがどんなことなのか見抜いて，その子にあった声かけをしましょう。
　そして「安心感」をもたせることです。

① 最初から動きがない子供に対して

　最初から動きがない子供の多くが，何から始めてよいかわかっていません。また，表現できないことを極度に恐れています。
　例えば絵画なら，みんなが描き始めているのに画用紙が真っ白のままです。どうしたのか聞いても，黙ったままのことが多いのです。そのような子供には，
「早く描きなさい」
は禁句です。
「描きたいことを教えてね」
と描きたいこと，描きたいところを尋ねて，子供と話すことから始めましょう。思い出して描くことならば，
「それは楽しそう。じゃあ，まず〜から描こうよ。それは，どこに描こうか」
と，画用紙に指で示したり，場合によっては教師がポイントとなるところに鉛筆で描き始めの線を描いてやることも必要です。
　また，練習用の紙を与えて，
「試しに描いていいよ」

78

第2章　図画工作科の授業をはじめよう

と言うこともよいでしょう。

　友達の真似をして描くことも否定しないことです。

❷　製作途中で「失敗した」と思い込む子供に対して

　時々，作品を途中まで表現（製作）できていますが，困った顔をして，活動がストップしている子供がいます。

　「どうしたの？」と，声をかけると「失敗した」とよく言います。そのような子供には対話をしながら，

「他の方法がある」

「見方を変えたら，失敗じゃない」

と考えられるようにし，安心感を与えましょう。

　例えばペンでにわとりの絵を描いている場面での対話です。

子「線を間違えちゃったんです」

教「そう，じゃあ途中まで戻ってまた別の道を行こう」

子「どうやって消すんですか？」

教「そのままでいいよ。あとで色を塗ればどうにでもなる」

子「先生，足から描いたら，大きすぎて顔が入りません」

教「首を曲げてやりなよ。動きがあってよくなるよ」

子「しっぽが，画用紙からはみ出てしまいました」

教「いいよ。画面からはみ出すってのは，大きく勢いよく描けたんだから」

子「私のは小さくなっちゃった」

教「そう。その分，周りの様子をいろいろ描けるよ。もう１羽大きく描いてもいいね」

　ポジティブに考えられるようにすることも大事なのです。

（西尾　環）

活動が遅い子への支援のポイント

　教師としては，時間内に終わってもらいたいところだと思います。ただ子供の中では様々なことが起こっています。それを的確にとらえることで解消されることがあります。

・考えている時間が長い子
・試すまでの初めの一歩がなかなか踏み出せない子
・何をしていいのか迷ったり，悩んだりしている子
など様々なタイプが考えられます。

　タイプに合わせた支援を心がけましょう。
　その子にとって楽しい授業の時間であれば，遅くてもいいのです。作品よりも，子供の中で何が起こっているのかが大切なのです。

タイプ別・支援のポイント ────────
○考えている時間が長い子

　じっくり考えたいタイプです。考えをよく聞いてあげると，話しながら自分の考えを整理したり，新たな考えを思い付いたりするので，活動が始まったら，真っ先に近寄り，話しかけましょう。

第2章　図画工作科の授業をはじめよう

○試すまでの一歩がなかなか踏み出せない子

慎重派なのかもしれません。教師と一緒なら勇気をもって試すことができるかもしれません。そうすることで，すんなり活動に入れるでしょう。

あるいは，授業開始の1週間前位から，材料や用具を子供たちの目に触れさせたり，自由に遊ばせたりするのも効果的です。

○何をすればいいのかわからない子

活動の前に，どんなことをするのか教師がやって見せたり，友達の活動を紹介したりするとイメージがつかみやすいでしょう。

あるいは，友達の活動を一緒に見て歩いたり，グループなどで交流したりするのも効果的です。

おだてるのではなく，ほめること ━━━━━━

時間内に終わることができたら，とにかく大げさにほめてあげましょう。（ただし，その子が実感をもてないことをほめすぎるとおだてられていると感じるので気を付けてください）

「見通しをもつ力がついたね！」

「チャレンジする力が伸びたね！」

「思い付く力があるね！」

など，どんな力が伸びて，どんなことができるようになったのか具体的に伝えてあげるといいでしょう。

次の授業から自信をもって取り組めるように見守ってあげ，15秒ほど待ってできなければすぐに対応してあげましょう。

できたら，すかさずほめましょう。

（森實祐里）

81

造形遊び

造形遊びのよさと評価のポイント

　造形遊びは「生きることを学ぶ活動」と岡田京子氏が『子どもスイッチON!!　学び合い高め合う「造形遊び」』の中で述べています。

　子供は遊びを通して，様々な材料や用具，環境などに出会います。そして，それらを活用して活動します。
　材料や用具を知ったり，使い方を考えたりしています。そして，周りにいる人のことを見たり感じたりしながら，時にはコミュニケーションをとったりしながら活動を続けます。

第2章 図画工作科の授業をはじめよう

その中で自分のよさを感じることでしょう。

造形遊びは，単に遊ばせることが目的ではなく，進んで楽しむ意識をもちながら，発想や構想の能力，創造的な技能などを育てる意図的な学習です。

材料やその形や色などに働きかけることから始まり，材料やその形や色の特徴から思い付いた造形活動を行うものです。

結果的に作品になる場合もありますし，作品にならない場合もあります。

子供は思いのままに発想や構想を繰り返します。思考している様子は，つくり・つくりかえ・つくる姿から見取れます。

考えては何度もつくりかえ，つくり続けていきます。

そして，子供が材料などに働きかけ，創造的な技能を発揮してつくり続けていく姿から評価できるのです。

（森實祐里）

学年別造形遊びのポイント

「どこで」(場所)
「何で」(材料・用具)
「どうやって」(行為・活動)
を考えます。

材料はたくさん用意しましょう。子供と一緒に集めてもいいですし、教師が大量に用意してあげるのもいいでしょう。

【造形遊びの活動】

低学年	材料をもとにした造形遊びをする活動
中学年	材料や場所などをもとにした造形遊びをする活動
高学年	材料や場所などの特徴をもとにした造形遊びをする活動

●低学年

材料に体ごと関わって楽しんだり、並べたり、積んだり何かに見立てて遊んだりします。

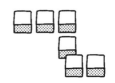

この活動を通して、様々な材料の特性を知っていきます。

そして、材料の特性を生かした使い方を考えたり思い付いたりするようになります。

この時期に造形遊びをしっかりと行うことにより、子供は材料の特性を見付けることができるようになります。

第2章　図画工作科の授業をはじめよう

●**中学年**

友達と活動することを楽しむようになり，目的や面白さ，楽しさ，簡単なルール等を共有しながら遊ぶようになります。

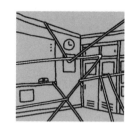

自分よりも大きな材料を使ったり，広い場所や高さの変化がある場所などを利用したりしながら，場所の特性を生かして，その場所を変身させていきます。

この時期の子供からはダイナミックな活動が見られるようになります。活動しやすい材料や場所を吟味して活動するようにしましょう。

●**高学年**

材料や場所を生かして，さらに特徴をとらえて活用していきます。この特徴の中には，材料の性質，光や風などの自然環境，人の動きなど場所の様子などを含みます。

子供は時間の経過に伴う光の変化や人通りなどの周りの様子を考えて構成するようになります。また，生活経験や今まで獲得してきた技能などを生かしてつくるようになります。

他者からの評価を受けられるようにすることで，自分の活動のよさを実感できるでしょう。

（森實祐里）

造形遊びの終わり方

　造形遊びは，つくり・つくりかえ・つくる活動，子供にとっては終わりがありません。終わりは教師が時間で区切ります。
　授業時間は教師が区切りますが，その後も子供が自主的に休み時間などに活動することを認めてあげましょう。

満足感を大切に

　まだまだ続けたい子供がいるのは，つくりたいことがあるからです。満足いくまで活動を保障することができたら素敵ですが，子供の満足は作品が完成したときだけとは限りません。
　子供は自分の活動に満足したときに終了することを促すと意外とすんなりと活動を終えます。つまり，「ことづくり」が満足したときなのです。そのための手立てとして4つの例を紹介します。

●社会的に認められる

　誰かに披露することで満足します。
　子供は自分の活動の説明をすることで，新たな価値を見出します。全校児童に呼びかけて，お披露目するといいでしょう。交流のある学年と休み時間に一緒に遊ぶ計画を立てるのも効果的です。懇談会で保護者に見てもらうのもいいでしょう。
　その際，感想カードなどを用意し，コメントをもらえると満足感が高められます。

第 2 章　図画工作科の授業をはじめよう

●記録化

　デジカメで子供の活動の様子を残しましょう。給食時間など
に活動しているときの様子を流してあげると，振り返りにもな
ります。最後に記念写真を撮ったり，自分のお気に入りのとこ
ろを子供に撮影させたりすることも効果的です。

●展示・掲示で

　デジカメで撮った写真を教室に掲示します。子供の感想や行
為を教師が吹き出しで書いたり，本人のコメントを載せたりし
ます。どのように，つくり・つくりかえ・つくっていったのか
経過がわかるような掲示物にすると保護者への説明にもなりま
す。

●思い出として大切に

　今まで活動してきたものを無造作にゴミ袋やゴミ箱に入れて
しまうのは避けたいところです。今まで活動してきた材料は，
どんなに小さなかけらであっても教師自らが材料として大切に
扱いましょう。

　例えば，
「夢のかけらを集めてね」
「思い出袋に思い出と一緒に入れようね」
などと投げかけるだけで，掃除ではなく後片付けになります。

　ゴミ箱やゴミ袋も「ありがとうボックス」「思い出袋」など
と呼ぶだけで意識が変わります。

（森實祐里）

絵画

用具の準備と片付け方

準備

　子供が使うだろうと思われる道具は全て出しておきましょう。

　子供に言われてから探したり取りに行ったりするのは避けたいところです。

・用具は使う前に数を数えておく

・材料ごとに分類する

・使う順番に並べておく

・安全面で取り扱いに気を付ける物はふたをしたり教師が在室しているときに出したりする

・トレーや段ボール，袋に入れる

　また，材料や用具を置く場所を工夫することをおすすめします。

　子供が取りやすいように向きをそろえる，２カ所に分けておくなどします。子供の活動を活性化させるために，子供の動線や視線を考えて，友達の活動が自然に目に入るような場所に置くのも大切です。

第2章　図画工作科の授業をはじめよう

片付け

　みんなで使う図工室なので，使う前よりもきれいにして退室するようにし，次の人が使いやすいように片付ける習慣をつけましょう。分類しやすいように，物の数だけ箱やトレーを用意するといいでしょう。

　・用具の数がそろっているか確認する

　・きれいに洗う

　・粘土は水道で洗わない（詰まりの原因になります）

　・向きをそろえる

　・大きさをそろえる

　・使えない材料は入れない

　・準備室にあったものは，元の場所に戻す

最後に，以下の確認をすることを忘れないようにしましょう。

　・数

　・ゴミ（落とし物や忘れ物）

　・整頓

　年度当初に子供と一緒に確認すると，次回から子供だけで確認してくれるようになります。そうすることで，子供の意識が変わり，物や場所などを大切に使うようになります。

（森實祐里）

クレヨン・パスの使い方

使う前に

・全てに記名をします。
・ふたが開いて，中から出てこないようにしっかりとふたをします。ホックが付いているものが多くなりましたが，箱型で留め具が付いていない場合は，輪ゴムでとめるといいでしょう。

使うときは

・ティッシュを用意しましょう。違う色が付いたときにすぐに拭きます。こうすることで，いつもきれいな色で描けます。
・小さくなったら，洋服（巻いてある紙）を短くしましょう。今は手で簡単にちぎれる洋服になっています。

お部屋を守る

・先の方に違う色が付くのを防ぐために，色のお部屋を決めておきます。
・使ったらすぐにお部屋に戻すくせをつけます。

教えておくこと

・クレヨン・パスは消しゴムでは消えません。
・隣の色が混ざることがあります。
・顔は先に肌色を塗ってから，目を描くようにします。

第2章　図画工作科の授業をはじめよう

いろいろな使い方 ─────────────────────

○細い線を描く

鉛筆と同じ持ち方で手首を使って描きます。

○濃く塗る

にぎり持って力を入れて描きます。

○薄く塗る

横をつまみ持って描きます。太い線が描けます。

○ぼかす

色を塗った後，ぼかしたいところをティッシュや柔らかい布などでこすります。すると，ぼかすことができます。

○ひっかく

まず，いろいろな色を塗ります。その上に黒などの濃い色を塗ります。そして，インクの出ないボールペンや爪楊枝，割り箸などでひっかきます。すると，下の色が出てきます。

○はじく

クレヨンやパスで描いた上から絵の具を塗ると，描いた部分が浮き出てきます。うまくはじかない場合は絵の具の水加減を工夫してください。

近頃は，水で溶けるクレヨンが売られています。これは，絵の具をはじかず，絵の具と混ざったり，重なったりするだけの場合があります。洗濯で落ちるクレヨンなども絵の具をはじきません。

（森實祐里）

絵の具・パレット・筆洗の使い方

絵の具・パレット

●準備
・全色，出す。
・色のお部屋の上の方に少しずつ入れる。
・親指をパレットの穴に入れて持つ。

●使い方
・描くときは手に持つようにする。
・色のお部屋には，他の色を入れない。
・混ぜるお部屋に一色ずつ筆で入れる。
・筆をきれいに洗って，水気を布で拭き取り，色のお部屋から絵の具をすくうようにする。

●片付け
・混ぜるお部屋だけティッシュで拭く。
・乾いてから絵の具バッグに入れる。
・次回，使うときには色のお部屋の絵の具を霧吹きなどで濡らしておくと使いやすい。

第2章　図画工作科の授業をはじめよう

筆洗

●準備

・水をくみに行くときには，雑巾を筆洗の下に当てて持つ。
・全ての部屋に半分くらいの高さまで入れる。

●使い方

・①洗う（底に筆をつける），②すすぎ，③仕上げ，④付ける水のお部屋とする。

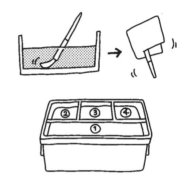

・水のお部屋を移動するときには，必ず筆洗のふちで穂先を軽くしごいて水を落としてからにする。
・最後に布で筆の水を拭く。
・色が濁ってきたら，その都度，新しい水に取り替える。

（森實祐里）

色が混ざる仕組みと混ぜ方

　「この色とこの色を混ぜるとどんな色ができるのかな？」と
興味をもったり，「なぜ思うような色にならないのかな？」な
どと，色はたくさんのことを考えさせてくれたりします。「色
の楽しさ」を実感するために，混色の「目的」と「効果」「方
法」について知っておきましょう。

❶　なぜ絵の具を混ぜるのか：目的

　子供たちの絵の具は基本色を中心にそろえられており，鮮や
かで発色のよいものになっています。視覚的に刺激が強いので，
子供たちの中には「そのまま使いたい」と思う子も少なくない
でしょう。しかし，そのままにすると鮮やかさ（彩度）が強い
ため，単調で面白みのないものになっていきます。低学年はそ
れでも楽しめますが，高学年で表したい思いが強まると色の効
果を考えて調整する必要が出てきます。

❷　色を混ぜる楽しさ：効果

　まず考えるのは「色合い（色相）」です。「３色混ぜてはいけ
ません」と言うことがありますが，これは反対の色（補色）同
士を混ぜて色が濁ってしまうことを心配してのことです。学年
が上がると，きれいに混ぜることへの欲求が強まるので，適切
なアドバイスが必要です。

　混ぜる色の比率を変えることで，「□色っぽい○色」のよう

に，微妙な色合いをつくり出すことができます。色をつくった子供に，「○○ちゃんの発見した色だから，○○色だね」とその子の名前をつけると喜んで色づくりに夢中になります。

色の濃さ（明るさ）を変えることも大切です。水を多く含ませると薄く（明るく）なりますが，白（明るい灰色も）を混ぜて薄くすることもできます。ただし，白を入れると不透明な色になるので，効果を考えて試してみましょう。同様に黒を混ぜると暗くなるので微妙な明るさの変化も楽しめます。

③ 絵の具を混ぜてみよう：方法

子供が混色するときに困るのが，何色もの絵の具を一度に混ぜようとすることです。色を確かめながら少しずつ混ぜるように声をかけましょう。また，薄い（明るい）色に少しずつ濃い（暗い）色を混ぜることも重要です。これは，微妙な色合いの変化に気付くことができるためです。

水で薄めた透明感のある色を画面上で重ねることで，色が混ざって見える「重色」という方法があります。偶然現れる色の面白さを楽しむことができ，微妙な色で表現する高学年向きの方法とも言えます。また，できあがる色を予想して試しながら描いていく楽しさを味わうこともできます。

補色同士を混ぜると色は濁り，鮮やかさ（彩度）を失ってしまいます。しかし，この色を鮮やかな色を生かすために使うことはあります。その子が表したいことをしっかりと受け止め，子供がその効果を考えて色を選び，決められるようにすることが大切です。色づくりの中で子供たちとたくさん語り合ってみましょう。

（岩﨑愛彦）

筆の洗い方・色の塗り方

「鉛筆では描けるけど，絵の具を使うとだめなんです」，そう話す子供がいます。そんなときは，もう少し子供を観察してみましょう。汚れた水で筆を洗っていたり，すすいだ後に雑巾で水気を拭き取らなかったりしていませんか。

❶　筆を洗ってきれいにするために

①まず洗う場所を決める

筆洗の使い方で述べたように，筆洗の仕切られた大きな部分を「洗い」，小さいところを「すすぎ」と絵の具に含ませるための「きれいな水」の場所とします。不思議なことに，これを徹底するだけで絵の具の発色がよくなり，「絵の具が苦手だ」と言う子はぐっと減ります。

②きれいな雑巾を用意する

汚れた雑巾をいつまでも使っている子供がいます。せっかく洗ってもこれでは汚いままです。きれいな筆で描くと，絵もきれいになります。「筆をよく拭く」ための，きれいな雑巾を準備することは，とても大切なことなのです。

③筆を大切にする

筆を水につけっぱなしにすると，筆の毛を束ねている根元部分の糊材が溶けて，毛が抜けるようになってしまいます。洗った後に筆をしっかりと拭いて長持ちするように心がけましょう。

第2章　図画工作科の授業をはじめよう

❷　考えて「塗り」を楽しむために
①水の量を工夫する

　均一に塗っていく「平塗り」，たっぷりの水を塗ってから点々と筆を置いてぼんやりと色を広がらせる「にじみ塗り」など基本の塗り方や，さらにこれを発展させた技法もあります。

> ◆ウェット・イン・ウェット…にじみ塗りの発展，一色を塗って乾かないうちに次の色を塗ります。にじみながら色が混ざっていきます。
> ◆リフトアウト…一度つけた色を水で浮かして取り除いていきます。筆や布，ティッシュなどで色を取ります。
> ◆ドライブラシ…水を使わないでかすれさせて描きます。
> ◆重ね塗り…透明感のある色を重ね，下の色を浮き出させる重色による表現になります。

②色をつけていく順序

　絵を描くときは，「広いところ」「明るい（薄い）ところ」「遠いところ」から色をつけていくとよいです。色の重なりによる遠近感も表すことができ，広いところから塗るので，仕上がりの全体的なイメージがつかみやすくなります。

❸　「教える」より「知りたい」気持ちを育む

　これらのことは技術・技法として教えるのではありません。まず，絵を描くことに夢中になるようにすると，子供たちは自然に筆を大切にし，色を大切にできるようになります。そのときに初めてこれらのことを生かせばよいのです。まずは「描きたい」「知りたい」気持ちを大切にしていきましょう。(岩﨑愛彦)

97

絵の描き出しのポイント

　子供の思いを大切にしてください。思いを十分にふくらませ
ることで，子供は自ら描き出します。

　今回の絵でどんな力をつけさせたいのか，ねらいを明確にし
ておく必要があります。また，材料や用具の基本的な使い方は
しっかりと指導します。

　何から描き始めるのか，どこから描くのかは子供が決定しま
す。子供にのびのびと描かせたいので，教師はしっかりと準備
をし，あとは子供を信じて待ちます。
　教師の価値観に近付けるような発言は避け，子供が描いてい
るときに何を考え，どのような工夫をするのかわくわくして見
守りましょう。

　子供たちは描きたいことが明確であれば，すぐに取りかかり
ます。大きさも色も指定は要りません。子供が自ら決定します。
子供が決定することに大きな意味があります。それは，絵は子
供の心だからです。

　ただし，しっかりと手立てを考えておく必要があります。4
つほど例を挙げておきます。目の前の子供に合った手立てを考
えてください。

98

第2章　図画工作科の授業をはじめよう

●お話をつくる

　きっかけを与え，子供たちが絵の中で何が起こっているのか，もしくは物語や教師がつくった話などの続きを考えます。

　このとき，ワークシートにお話を書くようにしていきます。お話の中で考えさせたい部分を（　　　　）にしておき，子供が書き込むようにするのもいいでしょう。

●よく見ておく

　草や虫など，子供は知っているだろうと思っていることを確認しておきます。草の形や色，虫の足の形，花の構造など，子供の経験や学習を生かしていくといいでしょう。

●体験する

　空想の世界を題材にするとき，子供は自分の経験や伝聞をもとに描きます。子供自身が体験しておくと，情景を考えて描きます。

　ただ，体験したことを記録として描かせることは，子供の中で体験したことが完結しているので，あまりおすすめしません。運動会や遠足などの「行事の絵」などがそうです。教師が描かせたいのか，子供が描きたいと思うのか，見極めてください。

●ワークシートで言語化する

　しっかりと情景を描かせたい場合は，ワークシートで思いをふくらませていくといいでしょう。場所・時刻・季節・持ち物・服装・一緒にいた人などを言語化することでたくさん描く要素を盛り込んでいけるようになります。

（森實祐里）

99

人物描写指導のポイント

　そもそも人の体は複雑なので，描くのは難しいものです。そのため，学年が上がるほど，人を描くことが苦手になる子供が増えます。しかし生まれて間もない頃から，私たちは楽しみながら「人」の絵をたくさん描いてきたはずです。そこで，低学年のうちにたくさん「人物」を描かせ，よさを認めていくことで安心感を与えていきましょう。

❶　低学年は「顔の表情」を工夫しよう

　低学年の時期は，あまり「体」を意識していないので，「顔の表情」がわかるような題材がおすすめです。１年生では自分の顔を画用紙いっぱいに描くようにしましょう。

　また，生活の中で心に残る体験，例えば「動物」や「植物」と触れ合ったことを題材にすると，気持ちを表しやすくなります。

　なお，低学年は「線」で形を表す段階なので，描画材も重要です。

　鉛筆よりもクレヨンやパスで描くと，ダイナミックに描けます。笑った顔，悲しんでいる顔など，目，鼻，口をどのように描けばよいかをみんなで話し合うといいですね。

　しかし，何も見ずに自分の顔を描くことには抵抗のある子も

いるでしょう。そこで，鏡を見たり，鼻や頬を触ったりして，五感を意識しながら描くようにするとよいでしょう。よく描けているかどうかよりも，よく観察できたかどうかをほめると，子供は集中して描くようになります。

② 中・高学年は「体の動き」に着目しよう

中学年以降は，「顔」から「体全体」に意識が向き始め，写実的な絵にも関心が高まります。そこで，次のような生活体験を題材にするとよいでしょう。

○綱引きやダンスなど，運動会でがんばったこと
○顕微鏡をのぞく友達
○楽器を演奏する友達

導入では，体の動きで「力強さ」や「気持ち」などを表すことができることを押さえ，友達をモデルにして交代しながら描いていきます。

なお，人物の動きをじっくり観察するためには，「3秒見て，1秒描く」というような，見ることを重視する指導をすると効果的です。最初は時間がかかりますが，繰り返すうちに驚くほど特徴をとらえることができるようになります。

さらに理科で人体の骨格を学んだ後は，「骨」を意識して体を描くようにすると，関節などをよく見て表すようになるのでおすすめです。

（古閑敏之）

写生画指導のポイント

① 何を描くのか

　いつも当たり前のように見ている身近な景色は，じっくり見ると，豊かな形と色に満ちていることがわかります。しかし，絵にするときに最も悩むのは「何を描けばよいか」です。迷っている間に，時間がどんどん過ぎていき，とうとう描けなかった……ということがあり得ます。

　そこで，例えば校内を描く場合は，事前に教師がカメラを持って絵にしたい場所を探してみましょう。子供と一緒に探してもいいです。そして導入では，子供が描きたくなるような映像をたくさん見せ，意欲をもたせます。さらに写生の前の段階で，次のことをワークシートに書かせ，教師が把握しておきましょう。

---

①「何を描くか（主題をはっきり決める）」
②「なぜそれを描きたいか」

---

② どのように描くのか

　「自由に描きなさい」というのは，どう描けばよいかわからない子供にとっては難しいことです。そこで，ワークシートに何を描くかを書いた後，１週間程度アイデアスケッチをする時間をとるとよいでしょう。その間，悩んでいる子供には次のような視点から助言をします。

第2章　図画工作科の授業をはじめよう

○描きたいもの（主役）を画面の中央あたりに大きく描く
　ようにする。
○「向き」や「距離」に着目して構図を考える。
　※「どこから見ると面白い？」
○近景（近くにあるもの）や遠景（遠くの山など）を描い
　て，遠近感を出す。（高学年）

　このような視点をもった上で下絵に入ると，主題が明確にな
り，よりよい構図を考えるようになります。時間いっぱい集中
して描くようになるでしょう。

③　色塗りの指導のポイント

　せっかく下絵がうまくいったのに色で失敗した……。そんな
経験はないでしょうか。風景には，絵の具の色そのままのもの
はほとんど存在しません。そこで，パレットの上で必ず2色〜
3色を混ぜてつくるようにしましょう。例えば「葉の色は，絵
の具の緑色と同じ？」と尋ねることで，葉そのものをよく見て
から色を混ぜてつくるようになるでしょう。

　さらに，光や影に着目させると，一気に絵の存在感が高まり
ます。特に絵を立体的に見せたい子供には，影をよく見て表す
ことをすすめるとよいでしょう。

（古閑敏之）

読書感想画指導のポイント

　読書感想画とは，物語を読んで心の中に生まれた情景を表すものです。特に子供の想像力や構想力を伸ばすことが期待できます。

① どのような本がよいか—選書のポイント

　授業で行う読書感想画は，共通の本を用いた方がよいでしょう。友達同士の関わり合いが生まれ，教師もアドバイスしやすくなり，子供が悩みを解決しやすくなるからです。

　次にどのような内容の本にするかですが，読み物として人物像や景色が想像しやすく，学年の発達段階にあった量のもの，例えば国語の教科書にある物語のようなものがよいでしょう。学年に応じた次のような本がおすすめです。

低：かさじぞう，スイミー，にじいろのさかな
中：モチモチの木，ごんぎつね，うみのがくたい
高：やまなし，セロ弾きのゴーシュなど

---

② 手順1 読みきかせ

　まず，教師の読み聞かせの後，わからない言葉などを共有する時間をとります。例えば，「セロ弾きのゴーシュ」の「セロ」という楽器はどのようなものかを調べたり，写真を見たりすることで，絵の手がかりになるでしょう。ただし，本の挿絵を見

第 2 章　図画工作科の授業をはじめよう

ると，安易に真似をして想像しなくなってしまうため，導入での挿絵の取り扱いには注意が必要です。

❸　手順2　構図を決める

次に「心に残った場面を絵に表そう」と投げかけ，次のことをワークシートに書くようにします。

> ○どの場面を描くか
> ○なぜその場面を選んだか
> ○アイデアスケッチ

子供の願いや悩みが一目でわかるため，次の支援に生かすことができます。例えば「主役がどれなのかわかりにくい」ときには，「主役を画面の中心に大きく描き，脇役を小さく描く」のように，構図を決める段階で解決しておきましょう。

❹　手順3　色で感情を表す

「色」は気持ちを表すことができることを押さえましょう。お話の世界は想像した色でよいため，色の意味を考えるのに適しています。例えば，「優しい気持ちを表すには，どんな色がいいかな？」と問うと，空に黄色を混ぜたり，薄くグラデーションしたりと，子供は色の意味を考えて表すようになるでしょう。

（古閑敏之）

105

学年別絵画指導のポイント

表したいことを大切に

子供が表したいと思うことが大切です。

「何を」「何で」「どのように」表したいのか，子供の発達と生活をとらえて，題材を設定しましょう。

そして，子供が工夫した表現を，教師は大切にしてほしいと思います。

① 低学年のポイント

●夢中になって絵を描くように

図工を好み楽しむ子供が多いので，夢中になって絵を描くことでしょう。子供の「描きたい」気持ちが高まり，「もっと描きたい」と思い続けるように心がけましょう。

●題材の設定

自分の思いを絵に表すような題材を設定しましょう。

好きな形や色を選んだり表し方を考えたりしながら，楽しんで描くように，子供が感じたことや想像したことなどのイメージから表したいことを見付けられるようにします。

●材料・用具

子供がのびのびと描けるように，ある程度の大きさの紙がいいでしょう。紙は４つ切りにこだわることなく，題材に合わせ

て，正方形などにするのもいいでしょう。

　下描きをさせる必要はありません。それ自体が子供にとって
は作品です。この時期の子供にとってもう一度描くということ
は余計な作業になりますので避けたいところです。

　大きな紙などには，ローラーや刷毛など太い線が描けるもの
を使うことも考えましょう。

　クレヨンやパスなど，この時期にしっかりと使うことが大切
です。

●声かけ

　体験したことから感じたこと，関心のあることから想像した
ことなど，子供が思ったことを引き出し，絵に表せるように声
をかけましょう。

　描きながら表したいことを見付けることもあるので，表した
いことが変わることなどは認めてあげるようにしましょう。

　そして，描いたものやことなどに共感するような声かけをし
ます。自分の表現が認められたという安心感を与えてあげまし
ょう。自分の表現に自信をもって中学年になることを願います。

② 中学年のポイント

●想像力を働かせるように

　楽しいと思ったり，面白いと感じたりする対象が広がります。
また，少しずつ客観的に物事をとらえられるようになっていき
ます。

●題材の設定

自分の夢を考えたり，空想の世界に行ったり，想像すること
を楽しむようになります。子供自身が表したいことを見付けら
れ，想像をふくらませることができるように心がけましょう。

●材料・用具

材料や表現を試しながら表せるような工夫をするのもいいで
しょう。また，扱える材料や用具の種類が豊富になるので，自
分の表したいことに合わせた材料や用具を選ぶようになります。

描いたものを組み合わせたり，材料をいくつか用意したりす
るなど，子供自身が工夫できるようにしましょう。

●声かけ

教師の声かけだけでなく友達の言葉を聞くようになります。
友達の考えや表し方の工夫を取り入れたり，教え合ったりする
ようになる時期です。お互いの活動が見えるような場の工夫を
するといいでしょう。描いている途中の作品は完成前でも教室
などに掲示しておくのも効果的です。

③ 高学年のポイント

●自分を見つめるように

深く考えたり，他の人の立場からものごとをとらえたりでき
るようになります。そして，社会に目を向け，流行などに興味
をもつようになり，子供が自分らしさを意識するようになって
いきます。

第2章　図画工作科の授業をはじめよう

●題材の設定

　自分らしさを表すことのできる題材を設定するといいでしょう。

　見たことから想像して描く題材や自分の感じたことを人に伝える題材もいいでしょう。気を付けたいのは，主題は子供自身が考えるようにすることです。子供自身の心に問いかけ，視点や見方を広げていくことも大切です。

●材料・用具

　材料や用具など扱えるものが増えます。使いたい用具から材料を選んだり，材料を試してみてから用具を選んだりするようになります。その効果を生かし，そこから発想を広げることができるでしょう。

　様々な材料や用具を試し，特性を生かした表現に向かうことができるようにするといいでしょう。

●声かけ

　子供自身が見通しをもって自分の表現を高めていくことができるようにするといいでしょう。構想を具体的にする手立てとしてワークシートなどを活用し，教師や友達からのコメントを入れるようにしましょう。このとき，イメージと使っている材料や用具の関係を問い直すこともできます。

（森實祐里）

立体・工作

工作の学習で大切にしたいこと

学習指導要領では,「A表現（2）感じたことや想像したことを絵や立体,工作に表す活動」に含まれます。つまり,自分が表現したいものが明確になって,形にしていく学習です。図で表すと

となります。

ア 思い・願い—つくりたくなる題材の設定

作る目的や用途をはっきりさせておくことが大切です。例えば,「玄関に入って笑顔になるような○○をつくろう」「オリジナル○○をつくって○○ランドにしよう」など,具体的で,ゴールの形が想像できるような題をつけましょう。事前に連絡し,時々「～さんはこんな方法でこんなことがしたいんだって」などとつぶやいておくと,イメージが広がり,意欲も高まります。

イ 手立て

作品づくりを通して,発想や構想の能力,創造的な技能,鑑賞の能力を伸ばすことを念頭に置き,学年に応じた素材を決定します。

例えば,「段ボールのよさを生かしながら」という目標を立てたならば,まず教師自身が段ボールでできる技を試しながら,

参考作品をつくります。学年の発達，学級の実態に応じて，どんな技能を教え，どんな発展技を紹介するかなどの見通しが立ち，指導時間数が予測できます。

次に，指導計画を立て，学習シートや工程表を作成し，子供が評価しながらも，時間の見通しが立てられるようにします。この計画は，その時間でどんな力をつけ，評価しなくてはいけないかの指導の計画にもなります。そして，授業準備です。参考作品や用具や材料はどこに置いたらいいか決めます。ゴミがどのくらい出るかも予測して，袋や水場の位置も確認します。

発想・構想の授業では，ウェッビングを使ったり，簡単なイメージスケッチを描かせたりして，つくりたいものをはっきり形に起こしていきます。言葉で補足させておくと，助言がしやすくなります。子供の願いが叶うよう「こうしたいのはわかるけど，このやり方で大丈夫？　先生はこう思うよ」などと次回の工作への見通しをもたせます。

いよいよ製作です。活動の意義，方法，留意点を時には実演しながら，伝えます。質問を受け，安全で落ち着いた状況になるまで見極めます。「友達のいい技はもらいましょう」「困ったら友達や先生に伝えましょう」など，安心して活動に浸らせたいものです。そのためには「ここ，面白いね」「工夫しているね」などプラスの声かけが大切です。

ウ　作品の完成

作品が完成したら，「どこに飾りたいか」「どのように使うか」と子供に鑑賞の場所や活用方法まで考えさせても面白いでしょう。

（松島睦朗）

用具の準備と片付け方

　工作の用具は，種類が豊富であり，安全面に気を付けるべきものも数多くあります。そのことを意識した準備や片付け方が必要になります。次の３つの点を心がけましょう。

1　用具の種類や活動の状況に応じた箱の準備・活用
2　次の活動に生かせるような片付けの方法
3　子どもが主体的に動く係の設置

それぞれに注意する点を具体的に述べます。

❶ 用具の種類や活動の状況に応じた箱の準備・活用

　用具別に大・中・小の大きさの入れ物を準備します。

　　・大＝のこぎり・釘ぬき・木工やすりなど

　　・中＝かなづち・ペンチ・小刀・カッターなど

　　・小＝ボンド・釘・せんたくばさみなど

　学級全体で共有する場合には室内の真ん中にその箱を置くと使いやすくなります。

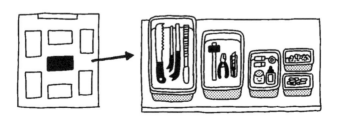

第2章 図画工作科の授業をはじめよう

ただし，できる限り用具を持ってうろうろしない環境をつくることが必要です。人数分用具があったり，数人で共有して用具を使えたりする場合には，グループごとに箱を準備し，数種類の用具を入れて配りましょう。

さらに，はさみ・のりなど個人で持ってきた用具は自分で袋に入れて準備するようにしましょう。

❷ 次の活動に生かせるような片付けの方法

片付けの基本は，「使ったらすぐに元の状態に」ということです。ペンチやはさみなど使ったら閉じた状態にする，使った用具は最初に入っていた箱に戻すなどです。そのためにも，箱には用具名と数を書いたシールを貼っておくことが大切です。

授業が終わったら箱ごとに用具を整理し片付けます。図工室や準備室にキャスター付きの道具箱を整理して入れる移動式の棚があれば，便利です。

❸ 子どもが主体的に動く係の設置

用具の準備・片付けを教師1人で行うと，時間がかかり，授業時間のロスになります。子供たちが主体的に動けるようなシステムをつくっておくことが大事です。

そこで，図工係，工作係，用具係，など学級の実態に合わせて図画工作用の係をつくってみてください。子供たちは喜んで動きます。最後の片付け後のチェックまでばっちりやってくれます。

（西尾　環）

はさみ・のりの指導で大切にしたいこと

① はさみの使い方の指導

(1)はさみの扱いに十分慣れよう

　どの学年でも，図工の授業開きなどを利用して，はさみの使い方に関して絵カードや教師の実演等を用いて視覚に訴えながら，丁寧な指導をしていきましょう。

　その際に，教師の指導だけにならないよう，子供がはさみを使う作品づくりの活動を取り入れましょう。ゆっくりまっすぐ線を切る練習，円などのカーブした線，ジグザグ線，ぐるぐる線など線のバリエーションを増やしながら，扱いに十分慣れることができるようにしていきましょう（図1）。切った紙を作品として教室の窓に飾ってみたりすると（図2），子供の意欲も高まるのでおすすめです。

図1　はさみの練習画用紙

図2　作品を飾った様子

(2)安全面の指導をしっかりと

　全学年で徹底してほしいのが，以下のような安全面の指導です。まとめておいて掲示しておくのがおすすめです。

第2章　図画工作科の授業をはじめよう

・はさみを持ったまま立ち歩かない。座って使う。

・はさみを人に渡すときは，刃先を人に向けない。

・はさみは，体の真正面で使う。

・切る方向が変わるときには，はさみを動かすのではなく，紙を動かす。

・刃先に汚れがついたら，気を付けて拭き取るか，洗う。

・はさみを使い続けるときには，置く場所を考える。

② のりの使い方の指導

(1)小学生の工作では，液体タイプがおすすめ

　液体タイプには，①手が汚れにくい　②接着力が高い　③のりの塗り口が，力をかけてもつぶれにくい　④ボトルの押し具合によって，のりの量を調節できる，などのよさがあります。

(2)試しながら使い方に慣れよう

　以下のような練習をしながら，指導していくとよいでしょう。

・紙に円を描いておき，円の中にまんべんなくのりを塗る練習。

・片方の紙にのりを塗り，紙同士をくっつける練習。

・小さな紙や狭い面積にのりを塗る練習。

　これらを通して，ボトルの押し具合や，塗り広げ方，紙につけるのりの量，塗布面の面積に応じて塗り口の傾きを変える，など試しながら学んでいくことでしょう。大いに汚したり，失敗したりしながら，慣れていくように指導しましょう。

　新品の液体のりを持ってきた子が，「のりが出てきません」と訴えることがよくあります。中ぶたのキャップがついたままなのです。優しく教えてあげましょう。

（小原莉奈）

115

粘土の指導で大切にしたいこと

　粘土の特性として可塑性が挙げられます。可塑性とは「固体に力を加えて変形させ，元に戻らない性質」のことです。この性質を生かして，思いを表していく材料が粘土です。

① ねらいや子供の実態に応じた粘土選び

ア　油粘土　取り出し，片付けが手軽で，乾燥しにくく扱いやすい特徴があります。油の匂いが気になります。

イ　紙粘土　軽く，手軽に色を混ぜ込むこともできます。使いかけの紙粘土はビニールで密閉しないと固まります。

ウ　土粘土　高く積め，匂いがしない点が特徴です。1人が扱える量が多く共同製作がしやすいので，ダイナミックな活動ができます。また，焼成することができます。

　用途やどんなできあがりを目指すのかで，どの粘土を使うのか変わってきます。

② 子供に人気　土粘土の授業モデル

(1)準備

　　○材料・用具：土粘土・粘土板・粘土べら・切り糸など

　　　　（土粘土は陶芸用を使用，20kg・2500円前後で購入可）

　　○場：ビニールシート・古タオル・バケツなど

(2)技法の紹介

　　まずは，土粘土に「慣れる」体験をさせましょう。いろいろ

第2章　図画工作科の授業をはじめよう

な手の動きを見せ，実際に操作させながら，粘土と触れる心地よさを味わわせたいものです。例えば，「丸める」「細長くする」「つまみ出し」「穴をあける」「平らにする」「付け足す」「曲げる」「伸ばす」などです。

2年生　高く積んだ粘土から
〈どんな形に見えるかで，つくりたいものをつくりました〉

また，「どれだけ高く積めるか競争しよう」「切り糸で切り取った形からつくってみよう」などの投げかけで意欲的な活動が生まれます。

(3) 片付け

　①作品ができたら写真を撮っておきましょう。

　②作品は子供の分身であり，感謝の気持ちで壊して立方体に戻します。

6年生　未来の塔
〈角材・ペットボトルを芯材にして〉

　③次の学年の人も使いやすいように片付けます。

　④乾いたら白くなるので，しっかり拭き取らせましょう。

　⑤濡れ雑巾を置いておくと廊下も汚れません。

(4) 管理

　10cmほどの立方体の形にし，ビニールで包み込みます。段ボールなどの箱に入れます。空気に触れると，かびが生えるので，密閉します。もし，固くなったならば，濡れタオルで1週間ほどくるんでおき，その後，練って使いやすい固さにします。

(松島睦朗)

117

学年別工作の指導のポイント

　工作とは，意図や用途が，ある程度明確で，生活を楽しくしたり伝え合ったりするものなどを表すことです。表現方法は幅広く，使う材料や用具なども様々です。学年ごとの指導のポイントを「(1)準備」「(2)製作活動と支援」「(3)展示や作品の扱い方」の観点で述べます。

１　低学年のポイント
(1)夢いっぱい「ざいりょうたからばこ」

　教師が材料を準備することもありますが，工作に使える身近な材料は，子供の手でぜひ集めさせたいものです。

　「面白い形やきれいな色」などに着目して集めたものを「ざいりょうたからばこ」にストックしておきます。子供は，材料を見ながらつくるものを想像し，夢いっぱいの気持ちになります。

(2)お話わくわく，リズムで用具を

　「つくりたい」という意欲をかき立てるには材料や作品との出会いだけでなく，お話から入ることも大切にします。例えば，空き箱でつくる「どうぶつむらのピクニック」では
「ここは動物村。あなたもこの村の１ぴきです。さあ，みんなでピクニックに行きましょう。さて，どんなことが？」

と問いかけるだけで，子供はわくわくして想像の翼を広げます。実際に動物園に行って楽しかった経験とつなげて話し合ってみるのもよいです。

　また，用具を使うとき，遊び感覚で身につくような工夫があると，低学年の子供は喜びます。例えば紙を切る場合，「紙を回して回して，チョキチョキチョッキン丸くなる♪」と口ずさんで切ると，楽しみながら基本が身につきます。

⑶心がぽかぽか，展示や遊び

　完成したら，全員の作品を並べて，まずは教師が
「みんな一生懸命つくってきたね。それがよかったよ」
「どの作品にもみんなの心が入っていますね」
と活動や作品のよさを，ほめてやりましょう。製作物を用いて遊ぶ作品は，お互いのいいところを伝え合いやすいでしょう。

❷　中学年のポイント

⑴材料を選んで，試作に挑戦

　角材や板を使う工作があります。木材は，比較的柔らかくて軽い杉などが，のこぎりで切りやすいでしょう。木材専門店で子供の手に扱いやすい長さや種類のものを選ぶとよいでしょう。店の人も相談にのってくださいます。

　また，工作は，教師も自分でつくると多くのことに気付きます。木工はもちろん，動く仕組みの工作（紙を使うものも含めて）など，まず自分がつくってみましょう。「先生がつくった」というだけで，子供の目はきらきらしてきます。

⑵メリハリ製作，用具は正しく安全に

　製作活動では「わいわい工作タイム」と称して，友達と対話

してアイデアを出し合いながらつくることで，夢や願い，冒険心が広がり，楽しく製作に取り組めるでしょう。

一方「もくもく工作タイム」として，無言で集中してつくる時間をとることも必要です。集中力と事故防止の面からです。

のこぎりやかなづち，小刀などの用具を使うときは，

・用具は，子供の手にあった大きさで使いやすいものに

・使い方は，示範や映像・画像・資料の活用で丁寧に

の2点に注意しましょう。

特にのこぎりは，注意が必要です。目と道具（手）と材料が一直線になるように指導しましょう。（体の外側で切って斜め切りになりがちです）切り始めに指を添えることや，板が動かないよう友達に押さえてもらうことも，推奨しましょう。

(3)家庭と協力して作品を大切に

完成した作品を家でも大切にさせたいものです。持ち帰らせる日は事前に予告し，入れ物を持ってくるよう伝えます。また学級通信で家の人にも知らせ，家でもしばらく飾ってもらえると子供の喜びは増すにちがいありません。処分するときには，作品にお別れを言うような習慣をつけるようお願いしましょう。

❸ 高学年のポイント

(1)針金と電動糸のこぎりの登場

5・6年生では針金を使ったり，板を糸のこぎりで切ったりする工作があります。針金には，いろいろな太さや種類がありますが，アルミ針金が扱いやすいことを知っておくと便利です。用途に合わせて準備しましょう。糸のこぎりは電動を使うことが多いでしょう。替え刃の準備，使う場所の計画などは事前に

しておきましょう。

(2)構想力を高めて丁寧に，さらに安全に

　自分の思いを伝えるものや，身の回りを楽しくしたり生活に役立つものをつくったりすることへも関心が高まる時期です。相手意識をもって，アイデアスケッチや設計図などを書いて，丁寧につくることに取り組むことも大切になります。

　また電動の糸のこぎりのような機械を扱うことも出てきます。安全面に一層注意するようにします。

　　・正しく刃がついているか（上下逆になっていないか）

　　・板をゆっくり動かしているか

　　・替えの刃や，折れた刃の入れ物は準備してあるか

　さらに，電動糸のこぎりは重くて運びづらい用具です。台数も限られるので，使う場所や人数分けなど，配慮が必要です。

(3)自分の作品にメッセージを添えて

　自分の思い出となるものや，みんなで共有するもの，相手へのプレゼントとしての作品ができるでしょう。いずれも自分からのメッセージを添えて，多くの人に見てもらいましょう。自他の作品を大切にする心が培われます。

　最後に，どの学年にも言えることです。なるべく子供や教師が材料を集め準備することを大事にしたいですが，一人一人に必要分を与えられる関係から，セットものを使う場合もあるでしょう。その場合でも，子供の発想や表現を豊かにするために，教師側で共用の材料を準備したり，子供自身が補充したりするなどの工夫も，ポイントになります。

（西尾　環）

版画

版画の学習で大切にしたいこと

　版画とは，紙を切ったり重ねたり，板やスチレンなどを彫ったり傷つけたりしながら，版を作り，これにインクや絵の具などを塗って別の紙などに刷り，作品を仕上げるものです。また小学校では，スタンプ遊びやローラー遊びなど，転写をともなう遊びも版画の学習に含みます。

① 版遊びをたっぷり体験させよう

　低学年の子供たちは，版を写すという行為そのものを楽しみます。例えばスタンプ遊び。凸凹感のある物（版）にインクをつけて紙にペタペタして同じ模様を写し出す単純な行為が面白く，夢中になります。そして，同じ模様を組み合わせたり，他の版を使っていろいろな模様を組み合わせたりしながら，自分だけの表現をつくっていきます。そこには，心の解放と表現の楽しさがあふれ出ています。低学年のときにたっぷり版遊びを体験させましょう。それが学年が上がったときの版画作品製作に役立ってきます。

② 製作の見通しをもたせよう

　版画製作の中には，段階を踏んで時間をかけて作品をつくっていくものもあります。どのような段階を踏んでつくっていくのかを導入時に示し，その後も子供の意欲が持続できるようにしておきましょう。そのためには手順が分かりやすい資料を掲

第2章 図画工作科の授業をはじめよう

示しておくのも効果的です。

③ 彫ったり刷ったりするミニ体験をさせよう

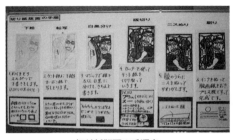

切り紙版画の手順表

　版画製作（例えば，紙版画や木版画）の醍醐味は，できあがった版にインクをつけ，紙を置いて刷り，めくったときに現れる画を見た瞬間です。はじめて作品が刷り上がった瞬間，間違いなく「お～～」という声が上がります。小さな版でいいので，製作に入る前に一度，刷る体験をするとよいでしょう。それもスキルを高めるため自分が試し彫りした版などを使うと，版と画の関係をイメージできます。

④ 用具の使い方と安全指導を徹底しよう

　版画は様々な道具を使います。はじめて扱う道具も多くあるでしょう。使い方について時間をとって一斉指導をし，スキルを高め，安全に使うことができるようにしておかなくてはなりません。実物投影機で手元を大きく見せて実際に使いながら確認したり，映像・図を活用して視覚に訴えたりするなど，工夫ある指導が必要です。特に彫刻刀やカッターナイフなどの刃物は，保管や出し入れにも常に気を配っておきましょう。自分や友達に怪我をさせないように，安全な道具の使い方は徹底すべきです。

（西尾　環）

彫刻刀の使い方

１　彫刻刀の種類と彫りあと

小学校図画工作で使う刀は主に次の４種類でしょう。

　　　丸刀　　三角刀　　平刀　　切り出し刀

それぞれ特徴のある彫りあとが見られます。なお，丸刀には大丸刀と小丸刀があります。

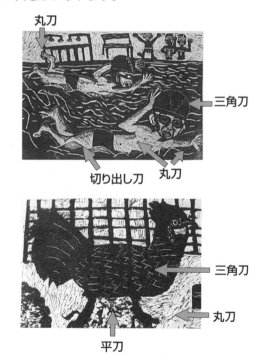

第2章　図画工作科の授業をはじめよう

❷　基本的な持ち方や彫り方

　利き手で鉛筆のように握り，小指側の手のひらを版木に当てて安定させ，刀の刃先を寝かせて板に当てます。もう一方の手を彫刻刀に添えてコントロールするようにします。そして刀を押し込んですくうように彫っていきます。サクサクサクとなるべく1cm以内の長さで少しずつ彫り，回すときは，刀でなく板を回します。このときもう一方の手を絶対に刃の進む前に置かないよう気を付けさせます。

❸　各刀を使用するときの注意点

丸刀…最もよく使う刀です。背景を削り取って，物や人を浮かび上がらせたり，人の肌を表したりするのに使います。柔らかい感じが出ます。

三角刀…細い線や鋭い線を彫るのに使います。細いので，やや深めに彫らないと，刷るときにインクが詰まってうまく線が表現できないことがあります。

平刀…かすれた感じに仕上げるときに使います。彫ったあとが灰色っぽくなります。刃の向きを間違えやすい刀です。刃表を下にしましょう。

切り出し刀…他の彫刻刀と握り方を変えて使います。白と黒の境の線や細い線をはっきり出したいときに使います。また刃先でひっかくと，ぼかした感じも出ます。

(西尾　環)

ローラー・インクの使い方

① スポンジローラーの活用の広がり

　ローラーは，練り板の上でインクを延ばしたり，版にインクをつけたりするときに使うものです。ゴムとスポンジがあります。以前は，中性インクとゴムローラーが主流でした。しかし，近年は，水性インクの発達と版種の広がりに合わせて，活用範囲の広い，柔らかいスポンジ素材のローラーも，多く使われるようになりました。スポンジローラーには，円柱と球体の2種類の形のものがありますが，版画では円柱のものが適切です。またそれぞれ，長さや硬さで異なるものが2種類ずつあり，活動によって準備することをおすすめします。

② インクと練り板の使い方

　インクは練り板の端に10cm程度長く出します。ローラーでそっとそのインクを取って，あとは板の広いところで延ばします。練り板でインクを延ばす場合に気を付けるのは，ローラーを一方通行で動かすということです。行ったり来たりの往復でローラーを動かしてもインクが十分つかなかったりムラが出たりします。「地面を押して転がし，空中を飛んで戻る」という動きをすることです。インクを2色左右につけ，練り板で延ばしていくとグラデーションのかかった色もできます。

　また，インクの色ごとに練り板は必要です。スポンジローラーはそれほど大きくないので，その場合の練り板は，色別にプ

ラスチックの小さめのものを準備しておくとよいでしょう。

③ スポンジローラーの工夫ある使い方

スポンジローラーは造形遊びでもよく使われます。紙や布に転がし，ダイナミックな模様をつけることができます。円柱のスポンジローラーは様々な工夫ができます。

・葉を型押しして転がすと，何枚も葉の形ができる。
・気泡緩衝材をローラーに巻いてインクをつけ転がすと，その模様が浮かび上がる。

・硬い紙をクシャクシャにして，ローラーで押さえて紙に転がすと面白い線の入った模様ができる。
・型紙をつくりステンシル模様にする。
他にも工夫はあります。

ただし，ローラーをインクの上で強く押し付けて転がそうとすると逆に滑って転がりません。転がすときはローラーをあまり強く押し付けないようにしましょう。

④ 片付けの注意

インクは，使わないときはキャップをします。ローラーは，使った後は，新聞紙の上で何度か転がしてインクをとり，その後水洗いをします。できれば普通の固形石鹸でよいので，しっかり揉むように洗うとより丁寧です。そして専用ローラーハンガーなどにかけて乾かします。大事に長く使うには，こうした単純なことを習慣づけることです。

（西尾　環）

種類別版画指導のポイント

① 紙版画

　基本的な紙版画は，紙を切った部分をつなげたり重ねたりして，のりや接着剤で貼り，版にします。でこぼこになった表面にインクをローラーで塗って，紙をのせ，ばれんでこすって刷り上げます。そのとき，

切り紙版画作品

「刷った絵は左右が逆になる」「重ねて貼った部分が，手前に浮き出て見える」ことを知っておくことが大切です。また，背景を白くするには，インクを塗った版を動かしてから，刷り紙を上に置くことです。

　高学年向きとして，厚い紙をカッターで切り抜き，インクをつけて刷り上げる「切り紙版画」もあります。

② スチレン版画

　スチレンボードにペンや釘などで線や形を描いて版にします。インクを塗って紙をのせてこすると，へこんだところにはインクがつかず，形となって表れます。ローラーはスポンジローラーを使います。また，カッターナイフで切り離して色をつけて刷ると，「パズル」のような表し方ができます。ただし，うっかり手を乗せてシワが寄ると，それも浮き出るので，注意が必要です。

第2章　図画工作科の授業をはじめよう

③ 木版画

(1) 単色（白黒）木版画

　板の表面を彫刻刀で削り，ローラーで黒インクを塗って，紙に刷って表す方法です。白黒で表す木版画です。線を彫って白い線で形を表す「陰刻」（線彫り）と，周囲を彫って黒で形を浮かび上がら

木版画作品
＊陰刻と陽刻がある。
＊主題が黒の塊で表されている。

せる「陽刻」があります。上学年になるほど，主題によっては，黒の塊を中心に表す方が効果が出ることに気付いたりします。その際，

・白と黒の部分を分け，主題の黒が多くなるようにする。
・刀で彫るときは作業板を使い，一彫りは短く。
・刷り場の設定は工夫し，共同でできるようにする。

などがポイントです。

(2) 多色木版画

　板を線彫りして絵の具やインクをのせ，黒画用紙に写し取る「一般多色版画」があります。また，最近は「彫り進み版画」が教科書でも取り上げられています。これは同じ版を彫って刷ることを繰り返しながら，インクの色を変えていく方法です。

・重ねて刷るので，ずれないように注意する。
・水で洗い流しては新しい色をのせて刷るので，なるべく水道が近くにあることが望ましい。
・最初から数枚刷っておき，色の組み合わせを試す。

などに気を付け，色の重なりを楽しみます。

（西尾　環）

鑑賞

鑑賞作品の選び方

　鑑賞とは本来，表現と一体化して相互に関連して行うことが
大切です。ただし，指導の効果を高めるために必要がある場合
には，鑑賞を独立して扱うことができます。

❶　子供の主体的活動を呼び起こす作品選びを

　鑑賞活動は能動的であるべきです。作品と出会ったとき，
「楽しい作品だな！　真似してみよう」
と，思わず触ったり，作品の真似っこをしたりする１・２年生。
「面白いよね。だってさ……。君はどう思う？」
と，友達と語り合いながらさらに作品をよく見る３・４年生。
「美しいなあ。作者が何を表したいのかさぐってみたい」
と，絵を深く見たり，自分なりに背景を調べたりしながら，友
達と意見交換を始める５・６年生。
　そんな姿が自然と生まれる作品を選び，子供たちに出会わせ
たいものです。もちろん，複数提供された作品の中から，子供
たちが選んで鑑賞する方法もよいでしょう。

❷　学年の発達段階や目標を考慮して

　作品への興味・関心度や，見方や感じ方は，学年や発達段階
によって違います。その学年の特性にあった作品を選ぶことが，
よりよい鑑賞活動を促進することになります。
　低学年……自分たちの作品，身近な材料など。

面白さや楽しさを感じ取れる作品。

中学年……自分たちの作品，表現に関連がある作品や日用品，
　　　　　伝統的な玩具，地域の美術館の作品など。よさや
　　　　　面白さを感じ取れる作品。

高学年……自分たちの作品，我が国や諸外国の親しみのある
　　　　　美術作品，暮らしの中にある作品など。よさや美
　　　　　しさを感じ取れる作品。

③　教科書やアートカードの中から

　教科書の中には，子供の興味・関心を引く作品が数多くあります。表現に関連したものもありますので，ねらいに沿って選びましょう。

　また，教科書会社の指導資料にアートカードが入っているものもあります。素晴らしい作品がたくさんありますので，これらの中から選ぶのもよいでしょう。

④　地域の美術館の作品から

　それぞれの地域にある美術館には数々の収蔵品があります。郷土の画家の作品は，子供にとっても身近であり，身の回りの風景が描かれている場合も多いです。また，展覧会に合わせて授業を組むこともよいでしょう。

　実際に美術館に足を運んだり，学芸員と連携したりしながら，本物の作品を見ることが可能な場合もあります。本物の作品の鑑賞は，子供にとって貴重な体験です。

　こちらのねらいを伝えながら美術館に相談すると，作品選びにも協力してくださることでしょう。

（西尾　環）

お互いの作品鑑賞の方法と
ポイント

① 鑑賞の方法

　図画工作の日常の授業での鑑賞として最も多いのは，作品ができあがったときの互いの鑑賞会。つまり自分たちの作品を見合う活動です。次のような形式があります。

●プレゼンテーション形式（発表形式）

　自分の作品を手にして，全員の前で1人ずつ発表し，鑑賞者は，よさを発言したり，自由に感想を述べたりする。

●ポスターセッション形式

　自分の作品を手にして学級の半分の子供は立っておき，目の前に来た人に話す。半分の子供は歩き回りながら，作品に対して質問したり感想を述べたりする。途中で交代する。

●グループ内話し合い形式

　班の中で，自分の作品を紹介し，感想をもらう。

●対話形式

　全員が作品を持って教室を歩き回り，出会った人と，作品を交換してよさを伝え合う。

●フリー鑑賞形式

　作品だけを机の上に置いておき，全員が歩き回って自由に見て回り，自由に話す。

　相手への伝え方もいろいろあります。

第2章 図画工作科の授業をはじめよう

・言葉で伝える。
・学習シートに書く。
・付箋にメモして渡したり貼ったりする。

2 友達の作品を鑑賞する場合のポイント

鑑賞活動の目的はよりよく作品を見て味わうことです。国語の表現力だけで鑑賞力を評価するのでなく，

子供が作品のどこに着目しているか
子供はどう動き，何をつぶやいているか

を，教師は見取りましょう。

また，何を見ればよいか示したり気付かせたりする事前指導は必要です。

ただし，題材ごとに鑑賞を積み重ねていけば，子供は自然に鑑賞の視点がわかるようになります。

なぜなら

表現のねらいが鑑賞の視点となる

からです。

さらに鑑賞活動は，

「ほめる」を基本とする

ことです。この活動を継続すると，作品を人に見られることへの抵抗感がなくなります。表現を冷やかしたりする態度も減り，人間関係も円滑になります。鑑賞活動は

学級づくりにも大きく役立つ活動

なのです。

(西尾　環)

133

鑑賞をするときの声のかけ方・視点のもたせ方

　鑑賞の場合の声かけは，基本的には「子供の考えを受容し，認めること」を根底に据えて，行いましょう。また，子供にもってほしい鑑賞の視点は，授業のねらいに沿ったものになりますが，それも，「子供の発言を認め価値づけながら，方向づける」ことを大切にしたいものです。

① 「黙って絵を見ましょう」

　図画工作の授業での鑑賞の多くは，教室（図工室）で行われるでしょう。自分たちの作品でない限り，実物であることは少ないです。それでも子供はそんなことは意識しません。表してあることに目を向けて作品を見ます。

　作品を提示したとき，子供が口々に感じたことを話す場合や，だまってじっと見入っている場合があります。前者では，ある子供の突発的な発言に視点を奪われがちです。後者の場合，教師は焦ってつい「何でもいいから言いなさい」「どう思いましたか？」と言ってしまいます。むしろ最低１分間は，静かに絵を見るよう声をかけましょう。目の前の絵をじっくり見ることから始めるのです。

② 「何が見える？」「どこがすき？」「どんな気持ちに？」

　絵を見て，子供の発言が始まり，子供同士が思いや感じたことを伝え合い，ねらいにせまる対話となれば，素晴らしい鑑賞

第2章　図画工作科の授業をはじめよう

の授業となります。

　しかし，実際はなかなかそうはいきません。思っていても何から話せばよいだろうと子供は思うからです。また，子供だけの会話が，絵から離れてしまうこともあります。

　そこで，そのようなときは，形や色，書かれているものに視点を向けるよう，声をかけてみます。（発問的なものもあります）すると話しやすくなります。あくまで「あなたはどう感じましたか」という意味での声かけ（発問）です。

「何が見えますか？」

「音や声が聞こえるとしたらどんなものですか？」

「どこが好きですか（気になりましたか）？」

「どんな気持ちになりましたか？」

❸ 「なるほど」「そうだね」

　絵から感じることを子供が素直に出せたら素晴らしいことです。その行為自体をまずほめ，一人一人感じたことは違ってよいのだという受容的な雰囲気をつくることが大切です。ただし単にほめればいいということではありません。

　奥村高明氏は『子どもの絵の見方』（東洋館出版社）の中で「『ほめよう』とするより『聞く』『うなずく』のほうがいい」と言っています。

　つまり受容することがポイントです。子供一人一人の思いを大切にし，認めることから，子供の発言を位置づけたり価値づけていく授業につなげていくのです。

（西尾　環）

鑑賞ワークシートの活用

　ビデオやワークシートなど，鑑賞活動における子供の学びの記録はとても大切です。一人一人の学びの機会を保障し，それを受け止めるための工夫も必要となります。

　ワークシートは考えたことや思い，そこからつながる表現の工夫などを受け止めるのがねらいです。だから，「ただ感想を書かせる」のでは意味がなく，ましてや文章能力を評価するものでもありません。子供の学びの手助けになる項目を考え，そこから受け止められる子供の思いや姿について考えるのです。

❶　ワークシートの意義と記述内容

　作品の写真つきのワークシートでは，「タイトル」「アピール」「題材の魅力」「自己評価」の４つの項目に記入してみましょう。特に「題材の魅力」は，素材のよさや技法，思いの広がりなど題材の特徴にせまる設問を用意します。他の項目を毎回同じにすることで，子供たちは安定した気持ちで臨み，積極的に書けるようになります。

① 「タイトル」からは，主題や子供が表そうとしたことの存在（環境，物語）などを想像し，簡潔にまとめたものとして構想面を受け止められます。

② 「アピール」からは，表した思いと見る人を意識した目のつけどころ（おすすめ）を受け止められます。矢印などで作品と結び付けることができるので，構想や技能を見取ること

136

第2章　図画工作科の授業をはじめよう

ができます。

③　「題材の魅力」からは，題材に触れることで想像が広がったり，題材のよさを味わったり，それらを生かしたことなどが受け止められます。つくったり鑑賞したりした感想を含め，構想面や技能面を受け止めることができるのです。

④　「自己評価」からは，「表したいことができた」という「創造的な技能」や満足感，題材の魅力にせまって「わかった」という実感などの情意面を受け止められます。たとえ表現段階で不満足であっても，鑑賞場面での友達の言葉から満足できることもあるので，大切にしたい項目です。

❷ 書く順序からも子供の「思い」を受け止められる

　これらを記入する順序も観察します。導入から一貫したイメージをもっている場合は「タイトル」から書く子供が多く，主題も明確です。また作品に自信をもち，満足している場合や思い入れの強い部分が明確なときは「アピール」から書くことが多く，よさを見つける意欲や作品への愛着が高まっています。「題材の魅力」から書く子供は，題材のよさを味わっていることはもちろん，気付きや感じたこともち，製作過程での工夫や交流での発見があったことがわかります。

（岩﨑愛彦）

美術館との関わり方

　子供にとって大切な学びの場となる所です。

　一緒に子供の活動を見てもらい，一緒に成長を喜んでいただけるように心がけましょう。

　そして，教師自身も美術館を楽しめるようになりましょう。

●美術館を知る

　まずは，教師自身が美術館に足を運ぶことが大切です。

　何があるのかだけでなく，どのようなことが行われているのかも知りましょう。

　また，現地に行かなければ気が付かないことがたくさんあります。子供の目線になって，探検してみることをおすすめします。

●学芸員さんを知る

　学芸員さんはプロなので，何でも質問してみましょう。学芸員という職業を知り，その方の仕事に対する思いも知ることで信頼関係を築いてください。学芸員さんとしっかりコミュニケーションをとり，人と人とのつながりを大切にしましょう。

●作品を知る

　美術館独自で収蔵している作品があります。その収蔵品について本やネット，または学芸員の方に協力してもらいながら，

調べましょう。そうすることで、その美術館のよさを感じ取れるようになります。

● **活動の内容を吟味する**

　授業や見学で来館したり、ゲストティーチャーとして学芸員さんを招いたりするときによく陥る問題点は、ねらいのズレと時間配分です。

　授業のねらいを明確にして、学芸員さんに伝えましょう。

　一緒に活動をつくってもらえるといいのですが、お互いに限られた時間の中での連絡調整になります。文書で連絡することと相談することを事前に整理しておきます。

　授業時間と授業の中での活動時間なども伝え、こちらが望んでいることを相談するようにしましょう。

● **伝える**

　活動後はお礼状だけでなく、子供の活動の様子をすぐに伝えることをおすすめします。美術館側もどのような反応があったのか気になるところだと思います。まずはすぐに電話をするといいでしょう。

　子供の感想だけでなく、教師自身の率直な感想を伝え、交流を深めてください。

（森實祐里）

学年別鑑賞指導のポイント

　鑑賞活動では，身の回りの自然や人工物，美術作品などを味わいます。また，題材のまとめとして自分や友達の作品をじっくりと味わうこともあります。さらに，普段の製作過程の中で自他の活動の様子そのものを見つめることも含まれるのです。ですから教師は，授業の中で随時適切な手立てを講じることで子供の学びを広げることができるのです。

　表現と鑑賞は一体です。だから，「完成させるために鑑賞の時間がない」ことはあり得ません。それは，題材の内容と設定時間そのものに問題があるのです。子供たちが意識的に「見る」，そして「感じる」，「考える」場であり，内面の深まりにつながる場であるため，鑑賞を大切にしなければならないのです。

● 1・2年生の鑑賞活動で「みる」

　①身の回りの作品・校内に展示してある作品

　②自分や友達のつくりつつある作品

　③造形活動で見られる材料

　低学年は，体の部分で大きさを測って表したり，体中で感触や材料の感じを味わったりすることができます。また，作品と同じポーズをとって，形や色，表し方の面白さ，材料の感じなどに気付いていく活動もできます。その中で，思い付いたことをそのまま言葉にすることで，想像の世界が広がっていきます。

● 3・4年生の鑑賞活動で「みる」

　①身近な美術作品・生活の中で身近に感じられるもの

②自分たちの作品

③製作の過程（共同製作も含む）

　中学年は，材料による感じの違いのほか，表し方の工夫など
を見付けることができます。見て感じたことや思ったことを話
し合ったり，作品を前にして自由に意見を述べ合ったりするこ
ともできます。例えば，木片や紙の切れ端の形を面白がったり，
雲や光の形や色，動きなどをきれいに感じたりする活動ができ
ます。また，絵の具のにじみなどのよさに気付いて表現に生か
そうとすることもできます。

●5・6年生の鑑賞活動で「みる」

①国内外の親しみのある美術作品

②自分たちの作品

③製作の過程

④暮らしの中の作品，美術の働き

　高学年は，感じたことや思ったことを積極的に話し合うこと
ができます。形や色と自分のイメージを関連づけたり，表現し
た人の思いや心の揺れと表し方について考えたりと，自分なり
に作品にせまることができます。友達の考えを共感的に受け止
めたり，自分の考え方を確かめながら話したりする姿も見られ
るようになります。具体的には，作品の置き場所を考えてみた
り，実際に使ってみたりすることが考えられます。ゲーム的な
見る活動により話し合いを活発化させることもできます。時代
や地域，伝統や文化において変化しないもの，変化したものな
どのよさの再発見や，芸術や自然の美しさを味わうこともでき
ます。自分の身の回りにあるものから，美しさを発見したり味
わったりする意欲と態度を養います。

（岩﨑愛彦）

掲示

教室掲示を見直す

　学校には教室や廊下に掲示板があります。そこにはクラスの子供たちの素敵な作品がずらりと並んでいることでしょう。子供たちが夢中になってつくりあげた大切な作品は一生懸命楽しんだ結果なので，なおさらみんなに見てほしいはずです。そこで，子供たちの学習を支える教室掲示のねらいを，**「自分や友達の学びを共有し合う」「作品を通して友達と触れ合う」**の２点から，その工夫の仕方を考えてみましょう。

① 必ず全員の作品を掲示する

　掲示する対象は必ず全員の作品です。教師が自分への評価を意識するために「上手な作品」だけを展示しようとすることは絶対にしてはいけません。どの子供にとっても大切な作品なのですから当然のことです。そこで，全員の作品を展示する主な方法として，次の２つが考えられます。

---

①一度に全員の作品を展示する。
②作品を短期間で交換しながら，何点かずつ展示する。

---

　①は一般的に行われていることです。同時に展示されるので，学級や学年の子供たちの学びを全体的に受け止めることができます。しかし，子供の作品をできばえで見てしまう人たちからは「比較」されてしまう可能性があります。子供の中にも劣等感をもってしまう場合があります。より効果的な展示にするた

142

第2章　図画工作科の授業をはじめよう

めに，作品から子供たちの声を聞くような温かい「見方」を浸透させなけれなりません。

　②は上手なものだけを展示するのではなく，短い期間で次々に入れ替えて見るようにするものです。少ない数なので額に入れて大切さを強調することもできます。「比較」はなくなりますが，全員の作品が展示し終わるまでには時間がかかります。

　どちらも心配な点はありますが，最終的には全員の作品を見ることができるという点で共通しています。また，画鋲のあとがつかないように，厚紙に透明なシートをつけた「作品ケース」を用意して，作品を入れて展示することもできます。

②　作品票（作品カード）を大切に扱う

　まず，作品カードを見やすく掲示します。カードやその言葉を大切に扱うことは，子供自身を大切にすることになるのです。それは子供にも保護者にも伝わっていきます。

　また，指導者のコメントもとても大切です。完成時に書くことが多いですが，製作終盤で作品カードに記入させ，それをもとに子供と対話しながらコメントを書いてあげると時間も短縮でき，より子供の学びを理解する手立てにできます。

③　交流の工夫

　付箋を用意して，自由にコメントを書けるようにしておくとよいです。授業の相互鑑賞後にも，ふとしたときに友達同士で語り合う姿が見られるようになります。改めて感じ方や学びを確認したり，子供たちにとって作品がより身近なものと感じられるようになったりもします。

（岩﨑愛彦）

143

作品票を生かす

　子供たちの作品には作品票（作品カード）をつけます。記入する項目は欲張りませんが，「題名」「氏名」だけではなく「コメント」も入れます。しかし，これをただがんばって「書かせる」だけではなく，製作過程や作品を通して子供を見つめる大切な手立てと考え，効果的に用いる必要があります。

① 題名

　作品の題名は，個々の子供の思い（主題）が表れます。例えば運動会の絵では，その子のスタート時の緊張感は「ドキドキのスタート」，ダンスに一生懸命取り組んだ充実感は「力いっぱいおどったよ」となります。つまり，題名からその強い思いを受け止めることができるのです。ですから，全員が教師が示した同じ題材名には決してなりません。

② 作者氏名

　普段，名前を雑に書いてしまう子供に，どのように指導しようか悩んだことはありませんか。作品づくりや鑑賞活動の中で，子供自身が充実した気持ちになったとき，自分の名前を丁寧に書こうとします。まさに，このときが指導のチャンスです。

③ コメント

　子供への投げかけを低学年と高学年とで変えることで，発達

第2章　図画工作科の授業をはじめよう

に合わせた書きやすさの工夫をしましょう。

　低学年では，「お話聞かせて」としてみましょう。描いたことや場面の前後の気持ち，背景にあるストーリーなどのイメージの広がりを受け止められます。低学年の子供は，聞くことではじめてストーリーなどを考えることがあります。それでも，自分が表現したものをどのように存在させるかを考えるので，想像力を働かせる大切な学びの機会となります。

　高学年では，「ここを見て！」としてみましょう。主題をしっかりもって製作したこと，活動の中で自信をもてたこと，友達との関わりで気付けたことなどを主張できます。これが表現や鑑賞を通しての学びの自覚に結び付くことになるのです。

❹　何を受け止めるのか

　コメントを書かせるときには，「たくさん書く」ことを強いたり，「工夫したこと」「がんばったこと」などを書くように働きかけたりしがちです。「工夫」は「創造的な技能」につながるものなのですが，表現したい思いや主題の自覚がなければ，ただの技術偏重になってしまうので注意が必要なのです。

　例えば，テーマも描き方も決められた画一的な指導をした場合，子供にとっては思いが十分ではないため，どうしても「がんばった」になってしまいます。心に残ったこと，一番伝えたいことなどから「○○を表したかったので，〜のように描いた（つくった）」という，目的（思いや表現意図）と技法が結びつく部分を受け止めます。教師として子供の言葉を大切にする意義を実感できるはずです。

（岩﨑愛彦）

145

作品展

作品を選ぶポイント

　作品展に向けて作品を選ぶ、つまりどのような作品が選ばれるのか、という逆の発想でポイントを考えてみましょう。

　審査の様子をイメージしてください。審査会場には数多くの作品が並べてあり、当然、審査員の目を引く作品が選ばれることになります。およそ下のような順序で進みます。

　　　　　①荒えり　　⇒　　②絞り込み

１　荒えり

　ここで多くの作品は落とされることになります。上記の「目を引く」とは、以下のような点で見ていくことになります。

　　ア　子供らしさが表れているのか。
　　イ　絵に対する思いの深さがあるか。
　　ウ　魅力ある題材であるか。
　　エ　構図がユニークか。
　　オ　形や色に工夫があるか。
　　カ　丁寧に仕上げているか。

２　絞り込み

　複数の審査員が「面白い構図だ」「色の使い方がいい」「本当に感動したのだろう」「時間をかけているな」など、描いている子供の様子を想像しながら、優れている作品を選びます。

　作品展に出す前に、どの子にも「つくり出す喜び」を与える

ことが図画工作科の目標です。「できた！」「満足した！」とそれぞれのハードルを超えさせる指導が必要になってきます。

指導で心がけておきたい３つのポイントです。

1　認める言葉をかける

机間指導でまず口にするのは「面白いね」「工夫しているね」など認める言葉。注文をつける言葉はぐっと我慢です。

2　図工に終わりはない

「先生，終わりました」と言ってくる子に対して，まだまだであるという言葉で返します。「こうすればいいよ」と一人一人に対応するのでなく，「こうしてみたのですが，どうですか」と変わるように自分の表現を追求する姿勢を育てます。

3　「ここがよし」で自己評価する

自己評価する５つのポイントをご紹介します。

　こ：個性的か（自分らしさが表れているか）

　こ：心がこもっているか（感動が表れているか）

　が：画面が寂しくないか（空間の形や色に工夫があるか）

　よ：喜びがあふれているか（自分なりのこだわりがあるか）

　し：主題は明確か（何を描いているかすぐわかるか）

自分の椅子の上に立ったりして，作品を少し離れたところから見てみると，追求すべき点がわかるでしょう。

誰が見ても，「すごい！」という作品には，作者の思いの深さや，追求度合がかなり反映されるものです。教師の指示通り描かせた作品には，限界があるように感じます。なぜなら，子供の内面が形・色を通して審査員まで届かないからです。決して入賞することを目指すのではなく，いい作品を仕上げることを目的として，選ぶようにしたいものです。

（松島睦朗）

作品展に出すときに注意すること

　まず，出品する目的，例えば「子供に入賞するチャンスをできるだけ与えたい」など明確にしておくことです。

　次に，学年の教師の理解を得られるかが大切です。「面白い題材です」「指導する内容，時期において無理はありません」と，出品の意義について伝えましょう。

　それから指導に入る前に確認しておくべき5点です。

(1) 共通体験は可能か。

(2) 体験の掘り起こしはできるか

(3) 画材，描画材は何を使うか。

(4) 指導時間，展示の予定はどうなっているか。

(5) 出品費用，運搬，受け取りはできそうか。

❶ 指導にあたって

　選ばれている作品を鑑賞します。

ⅰ これまでの作品を分析する

　→なぜ選ばれたのかを研究しておく。

ⅱ 子供たちと鑑賞する

　→率直に感じたことを話し合わせ，よい点を確認させる。

ⅲ 今回の指導事項の重点を絞る

❷ 出品にあたって

　作品展の募集要項を熟読しておくことが肝要です。例えば，

第2章　図画工作科の授業をはじめよう

出品した作品は返却されるのか，されるならいつなのかなどです。校内の作品展などと重複する場合があるからです。もし展示が重なるようなら，カラーコピーを事前にとっておき，「作品展に出品するから，学校の展示はコピーになるけど，いいかな」と子供の了承を得ておくと，保護者も納得するでしょう。

③　作品展から返却後の取り扱いにあたって

　審査を受けたということは，多くの人に見てもらったということです。返ってきたら優しく取り扱いたいものです。

i　**入賞**→額装し，氏名・題名をパネルに記載後，多くの子供が目にする場所に掲示する。

ii　**表彰**→集会で子供を讃えることで，本人への自信をもたせる機会とする。

iii　**落選した子供へ**→「先生はここが面白いと思って出品したのだけどね。あなたの次の作品が楽しみだな」などフォローする。

iv　**展示した作品**→必ず本人に返却するシステムをつくっておく。ポイントは次の2点。

　　ア：1年以内の展示　　イ：保護者に感謝の文を添えて返却

> 例文「○○様　子供さんの優秀な作品を，1年間図工室に展示させてもらいました。描かれた形や色に，多くの子供たちが学ぶことができました。ありがとうございました。今後の活躍が楽しみですね」

お借りした者としての礼儀です。

（松島睦朗）

第3章

誰でも
すぐできる！
授業のアイデア

　最後の章では,実際の授業アイデアを掲載しています。

　見開きページに,準備物から指導のポイント,授業をつくる上での工夫点や実際の成果物の写真まで,ギュギュッとコンパクトにまとめました。
　ご覧いただき,ご自身の学級の実態に合わせながら,実践してみてください。

　もちろん,これまでの章で綴ってきた授業づくりのポイント

などを念頭にお読みいただければと思います。

　章末には，コラムとして，図画工作授業のあるある失敗談も載せました。授業づくりでよくあるミスを対談形式で記しています。授業アイデアと併せてお読みいただくことで，実際の授業づくりに生かしていただければと思います。

立体・粘土　　　　　　　　　　　　　　　　　　　4年生

素材のよさからかたちへ

題材名「ひもから生まれるかたち」

☑準備
　用具：粘土掻きべら，粘土べら
　材料：油粘土，粘土板

　油粘土でひもをつくる行為によってイメージが広がり，新たな立体表現に結び付く題材です。子供たちは造形的な素材体験から楽しく豊かなストーリーをつくり出していきます。

❶ 導入の工夫〜遊びから素材体験

　「粘土でひもをつくろう」という遊びでスタートします。「長いひも」「細いひも」「平たいひも」「指の跡でごつごつしたひも」など，このひもだけでもたっぷり遊べます。十分遊んだところで，「ぐるぐる巻いて重ねてみたらどうなる？」という働きかけをすると，急に子供たちの手と頭の中も働き出します。

❷ 積み上げた「かたち」から

　ただ巻いても仕方がありません。上から見て，横から見て……子供たちは，「見る」「つくる」を繰り返します。円形だけでなく，ハート型，四角形などと自由に積み上げ

ぐるぐる巻いて，立体になってくるとイメージが生まれてきます。

154

第3章 誰でもすぐできる！ 授業のアイデア

ていくようになります。平面的に並べた絵のようになることもありますが，いろいろな角度から見ることで「面白さ」を発見し，語り合わせるとさらに立体感が増していきます。

❸ イメージの広がりとお話づくり

　子供たちは少しずつ形になっていく粘土に夢中になっていきます。さあ，ここで教師は，「題名を考えてみたの？」「これはどんなところにあるの？」「（家であれば）どんな人が住んでいるの？」などと作品の中に入り込んでいけるように個別に働きかけていきます。それまであまり考えてつくっていなかった子供でも，その背景やストーリーを考えるようになり，新たなイメージをもって「つくる」活動が活発になっていきます。

❹ 友達のつくったものに関心をもつ

　交換した友達の作品を，自分のつくったもののようにしてお話を考えてみます。それを聞いていた本人も「そんな風にも見えるのか」と新たな発見があります。改めて自分の作品に興味をもち，作品を楽しむ気持ちが強くなっていきます。さらにつくる過程を振り返り，思いの変化や工夫したことなどをワークシートにまとめることができるようになります。

つくったもので語り合う子供たち。できたものから様々なイメージが生まれることを実感し，楽しく作品と触れ合います。

（岩﨑愛彦）

絵画	4年生

大きく描くよさ・小さく描くよさ

題材名「物語の絵～手ぶくろを買いに～」

☑**準備**

用具・資料：画板，ワークシート

材料：水彩絵の具

絵を描くにあたり，描きたいものを小さく描いてしまう子供がいます。その多くは，大きさを意識せずに描くことが原因と考えられます。そこで，大きく描くことのよさ，小さく描くことのよさをつかむ実践を行いました。

① 国語科「アップとルーズで伝える」を絵画表現に生かす

この題材は，一般によく言われる「読書感想画」で，物語を読み，心に残った場面の様子や気持ちを想像しながら絵に表すものです。教材として扱った「手ぶくろを買いに（新美南吉）」は，狐の親子の温かい心情や，美しい雪景色の情景などを想像しやすい物語です。

これまで子供たちは，国語の説明的文章「アップとルーズで伝える」を通し，テレビや写真等の「アップ」と「ルーズ」のメリットとデメリットを学んできました。そこで，読み聞かせをした後に，「手ぶくろを買いに」の挿絵を比べて話し合う場を設け，絵における「アップ」と「ルーズ」のメリットとデメリットを話し合い，考える機会をもちました。

第3章 誰でもすぐできる！ 授業のアイデア

❷ 子供の意図を知り支援する手がかりとしてのワークシート

　主人公を「アップ」にすると心情を表しやすく，「ルーズ」にすると情景が目立つようになるということに気付いた子供たちは，描くものの「大きさ」や「配置」を吟味しながら絵を描くようになりました。

　また，ワークシートに，「どの場面なのか」「なぜ描きたいと思ったか」「アイデアスケッチ」を書くようにしました。例えば，小さく描いている子供が，狐の「気持ち」を表したいのか，それとも景色の「美しさ」を描きたいのか，がわかり，子供の願いに応じた言葉かけを考え，支援することができました。

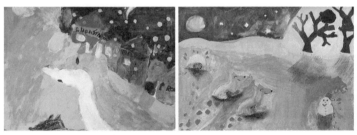

アップやルーズの効果を生かした子供の作品

　最後の鑑賞会では，お互いの作品の「形」と「色」に意味が込められていることが伝わり，温かい雰囲気に包まれました。

（古閑敏之）

工作　　　　　　　　　　　　　　　　　　　　　　　　　　　　4年生

ペットボトルと紙粘土でゆめの家づくり

題材名「ゆめの世界のゆめの家」

☑準備

材料：様々な大きさ・形のペットボトル（教師や子供で集める），紙粘土，B4程度の白い段ボール（ペットボトルを置いていく土台），絵の具，蛍光絵の具，飾りに必要な物（ビー玉など）

右の作品は，「海の家」で，ペットボトルと紙粘土を材料につくりあげました。

1 指導計画（図工7時間扱い）

第1次　1時間	第2次　5時間 （個人③，グループ②）	第3次　1時間
○ゆめの家について想像し，つくりたいミニタウンのテーマをグループで決めて，アイデアスケッチをする。	○ミニタウンのイメージをもとに，ペットボトルの特徴を生かし，組み合わせ方や色，模様，飾りなどを考えて，立体に表す。	○ミニタウンを集めて，「なかよしタウン」になった姿を鑑賞し，友達の作品のよいところなどに気付く。

2 授業の工夫点

①子供が試しながら表せるような場の工夫
②教師による参考作品の提示の工夫
③材料の工夫と鑑賞の視点の変化の工夫

図1　ペットボトルを組み合わせている様子

158

第3章　誰でもすぐできる！　授業のアイデア

③ 授業の実際

①の工夫について……教室に教師が意図的に準備した様々な形のペットボトルを置いておきました。子供たちは，実際に触りにきて，組み合わせを試しながら，アイデアスケッチを書き直したり，書き加えたりしていました。（図1）

②の工夫について……第1次の授業のはじまりには教師の不完全な参考作品（図2）の提示を行いました。すると，「自分だったらゆめの家はもっとこうするぞ」と意欲にあふれる姿勢が見られました。そして，授業の終了間際に，教師の参考作品（図3）の提示を行いました。子供は授業の展開部で，自分の作品についてアイデアをしっかりとふくらませていたからこそ，教師の参考作品から自分に必要なヒントを感じ取れました。

図2　ペットボトルにマジックで窓だけ描いた不完全な作品

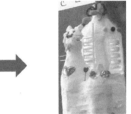
図3　教師の参考作品

③の工夫について……周りが暗い中での様子も鑑賞しました。紙粘土の着色に，蛍光絵の具を使っておいたことで，ブラックライトと暗幕を準備して照らすと，暗闇の中でのゆめの家も鑑賞することが可能になりました。材料に工夫をし，鑑賞の視点を変えられたことで，子供の達成感がより高まり，大きな歓声があがりました。

（小原莉奈）

| 鑑賞 | 5年生 |

動物たちの様子を想像し，声を聴く

題材名「『鳥獣人物戯画』を見よう！聴こう！」

☑準備
　環境：絵巻物を広げられる部屋，実物投影機，テレビ
　材料：鳥獣人物戯画（甲巻）のレプリカ教材，付箋，
　　　　自分のお気に入りの場面のワークシート

　まずは，作品をじっくりと見たり聴いたりして，作品のよさを味わいます。感じたよさから想像をふくらませ，絵に表すことで，表現方法のよさや楽しさを実感することをねらいます。

1　「鳥獣人物戯画」を見よう

絵巻物の特徴やよさを体感するために，全部を広げて長さを感じられるように，環境を工夫します。

友達と交流しながら，場面の様子を想像する姿を，教師は認めたいです。

　テレビに作品の有名な場面を映すと，「カエルとウサギが相撲をしている」「まわりが応援したり笑ったりしている」と動物たちに注目します。次に，巻物の見方（左手で開いて，右手で巻き取る）を実演していくと，「お話が続いているみたい」という気付きが生まれました。さらに，巻物全体を教室に広げ，「お気に入りの場面を見付けよう！」と投げかけます。様々な動物たちの表情や動きから場面の様子を想像し，お気に入りの場面を見付けていきます。

第3章 誰でもすぐできる！ 授業のアイデア

❷ 声を聴こう・描こう

お気に入りの場面を印刷したワークシートを渡し，「どんな声が聴こえてきそう？」と尋ねると，「楽しく会話していそう」「何か相談しているみたい」などと，作品をじっくりと見始めます。そこで，「吹き出しを使って台詞を書き込んでみよう！」と投げかけると，場面の様子をより豊かに想像し，楽しそうに台詞を書き込みはじめます。また，「その場面に合った絵を描き加えてもいいよ」と促すことで，作品と同じ，線だけで描く表現方法を用いて，登場人物に似せて描いたり，新たな動物を自分で想像して描いたりする表現の工夫が生まれてきます。

「よく見て想像すると，動物たちの声が聴こえてくるよ」

お気に入りの場面を，台詞つきで友達に紹介しています。

❸ 友達同士で学び合おう

自分の考えた台詞や描いた絵を友達同士で交流する時間を設定します。そうすることで，友達と一緒に鑑賞する楽しさを味わったり，友達の発想のよさや自分との違いに気付いたり，「線だけの絵なのに，台詞や場面の様子がよく伝わってくるすごい作品だ！」という「鳥獣人物戯画」のよさに気付いたりすることができます。　（矢野　宜利）

友達の絵の見方・感じ方を認め共感し，笑顔があります。鑑賞の授業で大切にしたい姿です。

ICT機器を使うことで，全体で学び合うこともできます。

版画　　　　　　　　　　　　　　　　　　　　　　１年生

手軽に・楽しく・美しく　スチレン版画

題材名「かぶってみたいな　こんな帽子」

☑ **準備**
　材料：A4版のスチレンボード，鉛筆，はさみ，スポンジローラー，版画用水性インク，練り板，ばれん，新聞紙

かぶってみたいな　こんな帽子

左の作品は，１年生が２時間で刷り上げました。この子供は２つの帽子をかぶりたかったのでしょう。

手軽で，楽しく，美しくできる「スチレン版画」の実践をご紹介します。

1　指導計画　（図工２時間扱い）

(1)	物語を聞いて自分がかぶってみたい帽子をイメージし，スチレンボードに描き，好きな形に切り取ることができる。
(2)	好きな色を決め，協力して刷ることができる。

2　指導

(1)版作り

絵本での導入は効果的です。今回は『ミリーのすてきなぼうし』（きたむらさとし，BL出版）の読み聞かせをしました。子供たちは帽子への発想が広がり，友達と話し合うことで自分の作りたいイメージが決まっていきました。

第3章 誰でもすぐできる！ 授業のアイデア

スチレンボードをできるだけいっぱい使うように伝え，教師が次の手順をやってみせます。まず，ハット型などの形をはさみで切り抜きます。次に，切り抜いた形に，「帽子をかぶって行きたい所にあるもの」の絵を鉛筆で描きます。

(2)刷り

手順と場について流れが分かるよう板書しておきます。

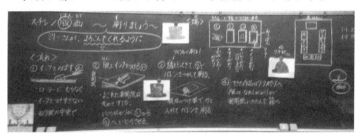

インクをのばす⇒つける⇒刷る⇒乾燥⇒版の片付け

教師試作の版を実際に刷ってみせます。それぞれの段階でポイントを話します。例えば「インクをのばすときは，真ん中で」「ツルツルの方に刷るんだよ」など子供が困りそうなことを伝えておきます。また紙・刷り・移動・インク係を決めておき，声をかけながら行うと楽しいことも伝えます。

3 片付け

刷り上がりの頃合いを見ながら集合させて，練り板の片付け方を見せます。「新聞紙を練り板の上に置き，ローラーでインクを取ります。2回新聞紙でインクを取ったら，水で洗って干しましょう」。汚れた新聞紙はゴミ袋に，版は新聞紙に挟みます。終わった後の図工室の点検は教師の仕事です。このスチレン版画は，どの学年でも応用ができます。

(松島睦朗)

造形遊び　　　　　　　　　　　　　　　　　　6年生

場所の特徴から発想を広げる

題材名「ソマレ！　私の色に」

☑準備
　環境：中庭（樹木や藤棚などがあり，光や風が入る）
　材料：色水（ポスターカラー），古いカーテン布，スズランテープ，洗濯バサミ，霧吹きなど

　色水で布を染め，染めた布と光や風，空間の様子を考え合わせ構成する行為の中に工夫が生まれる題材。場所の特徴と染めた布とに視線を行き来させながら豊かに発想を広げていきます。

① 場所の特徴からわくわくを高める

　「中庭ってどんな場所？」と問いかけます。「全校のみんなが

活動の様子をイメージし，子供の数，布の大きさ，子供の動線を考えて学習環境を設定する。

見る場所！」と答えながら，子供たちの表情がぱっと輝きます。校舎の中庭ならではの「視線」という特徴にわくわく感が高まります。「視線」「木や草」，藤棚などの「物」，そして「風」「光」と染めた布の組み合わせを考えて中庭を「染める」活動のスタートです。

② 思いのままに活動してよい安心感

材料置き場が乱雑にならない工夫も大切である。

　「3階からきれいに見せるためには……」と視線を意識する子，「黄色と赤！　混ぜてみよう！」とまずはお気

第3章 誰でもすぐできる！ 授業のアイデア

に入りの布づくりに取り組む子。「授業の目標は一つでも，活動は十人十色だよ」。安心感をもてるよう働きかけることで子供たちは心を解放させ次から次へと発想を広げていきます。

❸ どの子にどう関わるか

布を片手に校舎を見上げながら真剣に話し合う2人組。「『視線』を考えているんだね」と声をかけます。「どうやって布を飾ったら3階からかっこよく見えるかなと思って」と子供たち。そこで，1人が3階に上がって見ることや，黄色く染めた布をよく見せる飾り方を考えることなどを伝えました。

大勢の子供たちが一斉に活動しているとき，子供のつぶやきや行動，表情は，どの子にどんな関わりが必要か見極める大切な手がかりとなります。

❹ 「うまくいかない」子には

「そっちを持ってて」。大きな布が友達との協同を生む。

風の通り道になびくように布をかけた。

校舎からかっこよく見えるよう十字架の形にした。

楽しくて次から次に染めるうちに，思いもよらぬ色になってしまう子もいます。「きれいじゃない。あまり飾りたくないな」。そんなときは思い切って「新しい布でもう一度やってごらん」と声をかけます。自信をもって「きれい」と思えるもので中庭を染めたい—そんな子供の思いにしっかりと寄り添う教師の姿勢が，表したいことに向かって試す姿を引き出します。

(三浦真奈美)

COLUMN

あるある失敗談

・・・

　この本を書くと決まったとき，失敗談ならたくさん書けそうという話になりました。数えきれない失敗を繰り返し，今があります。笑える話や胸が痛む話など，ご紹介します。

1 技能的なミス

森實：若かったときは，よく考えないで指導していました。粘土の授業で，乾燥したら縮むということを教えずに活動し，芯材が抜けなくなりました。

西尾：抜けなかった芯材はどうされましたか？

森實：外側の粘土が割れて，芯材は抜けましたが，その後，割れた粘土をこつこつとどべ（粘土を土でゆるく溶いたもの）をつけて直しました。西尾先生はミスがなさそうですけど，どうですか？

西尾：私は，木版画の下絵と刷り上がりの反転での失敗があります。刷ってしまった後に子供が，「あれ？　体育服の名前が反対になっている！」と叫びました。そのまま転写すると下絵と左右反対になることをきちんと指導していなかったのです。

森實：先生は，その後どうされましたか？

西尾：彫ってしまっているから仕方がありません。「一つ勉強になったね」と，子供に言いながら，「きちんと指導す

第3章 誰でもすぐできる！ 授業のアイデア

べきだった」と自分に言い聞かせていました。結局その子供は，文字の部分を全部彫って刷り直していました。

森實：失敗って忘れませんよね。

西尾：他にも，糸のこぎりの刃を上下反対につけて表がガタガタに切れていたり，釘が長すぎて子供が机まで打ち込んでしまったりと，今思えば冷や汗が出ることばかりです。

❷ 図工をよく知らないが故の授業の失敗

森實：絵を描くときの失敗は何かありましたか？

西尾：ええ，これは失敗と言うより自分の無知だったと思うのですが，絵を描くときは，写実的な絵がよい，という感覚で，絵の指導をしていたことがありました。形をとらえるのに，「建物を斜めから見て描いたら」とか「遠近法のように描くといい」みたいなことを言いましてね。子供が困った顔をしていました。

森實：西尾先生と同じく私も，とにかくうまく描かせたいと思っていた時期がありますから，できばえを気にしていました。低学年の子に，混色を教えて，渋い色で塗らせました。大先輩に，「子供がこんな汚い色を喜ぶかな」と言われて，はっとしました。

西尾：私たち2人とも，絵を描くことを通して子供に何を育てるのかという意識が足らなかったのでしょうね。

167

❸ 素材をよく知らないが故の失敗

森實：素材のこともよく知っておかないと失敗しますね。

西尾：ずいぶん前のことですが，使いかけの紙粘土にきちんと封をしていなかったので，次に使うときガチガチになっていたことがありました。土粘土の場合も固まりましたが，そっちは，ポロポロと乾燥して崩れた感じでした。

森實：私は液体粘土です。春に購入して，時間が経ったら，腐ってしまって。悪臭の中で授業をしたことがあります。辛かったです。

西尾：事前に実際に自分の手で触ったりつくったりして粘土の特性を知るべきでした。やはり，教材研究をすることを忘れてはいけませんね。

❹ 子供に悲しい思いをさせてしまったこと

西尾：これが一番大事だと思うのですが，子供に悲しい思いをさせてしまったことはないですか？

森實：絵を描いたときに，下書きなしでボールペンを使いました。消しゴムで何度も消して，なかなか仕上がらない傾向があったからです。このとき，失敗しても気にしないで描きなさいと指導しました。ですが，人間の顔を描いたので，口が二つもあったらやはり気になります。絵の具では消えないのですが，その子と2人で必死に消そうとがんばりました。結局，近くの子に，「動いて見えて，いいじゃない」と言われて，救われました。

第3章　誰でもすぐできる！　授業のアイデア

西尾：私はうまく言葉かけができなかったことが忘れられませ
　　　ん。子供が描いた絵を持ってきて「これでいいです
　　　か？」と聞くから「もっとこうしたらいい」とアドバイ
　　　スをしました。でもしばらくして子供はその通りにでき
　　　なかったのか「先生，失敗しました」と言ってきたんで
　　　すね。それなのに私は「ああー」と困った顔をして，
　　　「ちゃんと聞いてた？」と返してしまいました。子供の
　　　目に涙がどっと浮かんできましてね。今思えば適切な指
　　　導ができていなかったし，何と言っても，まず「ほめる
　　　ことや安心感をもたせること」ができていない教師でし
　　　た。子供に申し訳ない。

5　展示に関するミス

森實：展示したときの失敗ってありますか？

西尾：そうですね。絵は大きいから高くてもよく見えるだろう
　　　と，教室背面壁に天井近くまで貼りました。ところが授
　　　業参観のとき，ある保護者が「うちの子供の工夫を書い
　　　た文章や先生のコメントを見るには，望遠鏡が必要です
　　　ね」と冗談交じりに言われたのです。確かに下から絵は
　　　見えるのですが，せっかく添えていた作品票が小さすぎ
　　　て，一番上の絵の文字は見えづらかったのです。森實先
　　　生は立体作品の展示で何かありますか？

森實：教室前に長机を置いて作品を長期間展示していましたが，
　　　期間が長過ぎて，作品が壊れてしまいました。期間を決
　　　めること，展示替えは頻繁に行うことが大切だと思いま

した。大変ですけどね。

6 作品を返却するときのミス

西尾：作品を返すときのミスも結構ありますよね。

森實：ちゃんと説明せずに，子供に作品を持って帰らせたら，「すぐに捨てられた」と子供から聞き，びっくりしました。保護者にもしっかりと伝えるべきでした。

西尾：そうですね，これは作品をどこまで大切にするかということですね。私も同じようなことがありました。これは，家庭と連携をしっかりとらなかったということのミスかもしれません。

7 同僚とうまくいかなかったこと

西尾：学校の職員室での失敗と言うか，人間関係などで図工の授業がうまくいかなかったことはないですか？

森實：一緒の学年を組んでいる先生は同じことをやってくれる方が多いです。他の学年の先生にもしっかりと造形遊びを行ってほしいという願いがありますが，なかなか浸透しないです。理由が，評価がわからないとか，材料集めが面倒だとか……。

西尾：似たようなことはありますよ。工作で材料を集めて工夫してやらせたいと思うとき，同学年の先生から，「面倒くさいからセット物にしよう」と言われたことがありました。結局，学年で足並みをそろえるためにセットを購

第3章　誰でもすぐできる！　授業のアイデア

　　　入せざるを得なかった。先生は，その後，何か対策を？

森實：今は材料をたくさん用意して，すぐに使えるように，少
　　　しずつ図工室にためています。

西尾：やりやすいように環境を整えておくということですね。
　　　それと同時に，図工を通して子供にどんな力をつけたい
　　　のかを同僚ともっと話すべきかもしれません。

森實：思い出してみると，たくさん失敗をしてきました。でも
　　　これらの経験が，今につながっていると感じます。

西尾：確かにそうです。人間は失敗を乗り越えて成長します。
　　　しかし，次につながる失敗はいいけれど，子供の心を傷
　　　つけてしまうことや事故につながるようなことは，ない
　　　ようにしなくてはなりませんね。

（西尾　環・森實祐里）

おすすめしたい図画工作の本

阿部宏行『いっしょに考えよう　図工の ABC』日本文教出版

レイチェル・カーソン　上遠恵子訳『センス・オブ・ワンダー』新潮社

北尾倫彦監修　山森光陽・鈴木秀幸全体編集　阿部宏行編著『観点別学習状況の評価規準と判定基準　小学校図画工作』図書文化社

「小学校学習指導要領解説図画工作編」文部科学省　平成20年

奥村高明『子どもの絵の見方—子どもの世界を鑑賞するまなざし—』東洋館出版社

津田正之・岡田京子・奥村高明『新評価規準を生かす授業づくり小学校編　3　音楽科・図画工作科』ぎょうせい

栗田真司『図画工作　評価ハンドブック』東京書籍

岡田京子『子どもスイッチ ON!! 学び合い高め合う「造形遊び」』東洋館出版社

鎌田俊夫・大西清和『クレヨン・パス画の指導　技法と実践』日本文教出版

林耕史『楽しさひろがる水彩指導はじめの一歩』学事出版

大橋功・新関伸也・松岡宏明・藤本陽三・佐藤賢司・鈴木光男編著『美術教育概論（改訂版）』日本文教出版

【監修者・執筆者一覧】

〈監修者〉

大橋　功（おおはし　いさお）

岡山大学・大学院教育学研究科教授

1957年京都市生まれ。大阪市立中学校美術科教諭，佛教大学教育学部助教授，東京未来大学こども心理学部教授を経て現職。幼児期から青年期にいたるそれぞれの発達段階における子供理解に根ざした表現（造形）・図画工作科・美術科の学習指導のあり方や授業改善などについて研究している。共著に『美術教育概論』（日本文教出版）等がある。

〈執筆者〉

西尾　環（にしお　たまき）

1960年鹿児島県生まれ。熊本市公立小学校教諭。熊本県図画工作・美術教育研究会に所属。美術館と連携して鑑賞教育に取り組んだ共同論文で全国教育美術賞（佐武賞），海外交流大型絵画共同製作の実践論文でちゅうでん教育大賞優秀賞を受賞。図画工作や ICT 活用の授業，学級づくりについて執筆した共著多数。

森實　祐里（もりみ　ゆうり）

札幌市公立小学校教諭。札幌市造形教育連盟所属。主な共著に，『DVD BOOK「モナリザは怒っている!?　鑑賞する子どものまなざし」』（淡交社，授業者として出演），『わくわく図工レシピ集』（東洋館出版），雑誌『教育美術』『美育文化ポケット』などへの実践報告多数。日本教育心理学会第49回研究委員会企画シンポジウムの話題提供なども行う。

岩﨑　愛彦（いわさき　なるひこ）

1967年北海道釧路市生まれ。教育大学の附属中学校勤務を経て現在公立小学校教諭。学校力向上に関する総合実践事業実践指定校の教務，研修を担当。現在は初任段階研修拠点校指導教員として若手の指導に取り組んでいる。

小原　莉奈（おばら　りな）

1989年熊本県熊本市生まれ。八代市立二見中学校教諭。担当教科は技術で，木工を専門としている。初任校の小学校勤務時に，熊本市図画工作・美術教育研究会に所属し，授業づくりを中心に研究を行ってきた。現在は，小学校と中学校を円滑につなぐための技術科の授業づくりについて研究している。

古閑　敏之（こが　としゆき）

1974年熊本県熊本市生まれ。熊本市公立小学校教諭。熊本県図画工作・美術教育研究会に所属。図工の授業実践を中心に研究をしている。論文に「鑑賞の能力を育むデジタル鑑賞ツールの開発〜地域の美術館との連携〜」（『教育美術』教育美術振興会，2015年12月号）がある。

松島　睦朗（まつしま　むつお）

1962年熊本県熊本市生まれ。熊本市公立小学校教諭。熊本県図画工作・美術教育研究会所属。図工を中心に学級づくりを研究している。『教育美術』（教育美術振興会，2016年3月号），『小三教育技術』（小学館，2016年4月号）『授業力＆学級経営力』（明治図書，2015年5月号）『小学校発！　一人ひとりが輝くほめ言葉のシャワー』（日本標準）などへの執筆がある。

三浦　真奈美（みうら　まなみ）

1978年北海道札幌市生まれ。札幌市立小学校教諭。北海道造形教育連盟，札幌市造形教育連盟所属。図画工作を中心に研究をしている。元札幌市立幼稚園教諭という経験から，遊びと学びの関連性に着目した造形教育のあり方などについて研究発表を行う。

矢野　宜利（やの　たかとし）

1981年北海道生まれ。札幌市立小学校教諭。北海道造形教育連盟・札幌市造形教育連盟所属。図工，学級経営を中心に研究している。教育書，教育雑誌への論文多数。

【監修者】
大橋　功

【編著者】
西尾　環・森實　祐里

【イラスト】 イクタケマコト
1976年福岡県宮若市生まれ。教師生活を経て，2006年からイラストレーターとして活動。教師経験を活かし，教科書や教育書などのイラストを多く手掛ける。著書に『カンタンかわいい小学校テンプレート＆イラスト』(学陽書房)，『中学・高校イラストカット集1200』(学事出版)，主夫の日々を描いた『主夫3年生』(彩図社)ほか。

ゼロから学べる小学校図画工作授業づくり

2016年8月初版第1刷刊	監修者	大　橋　　　功
2018年6月初版第3刷刊	編著者	西尾　環・森實祐里
	発行者	藤　原　光　政
	発行所	明治図書出版株式会社

　　　　　　　　　http://www.meijitosho.co.jp
　　　　　　　　　(企画)林知里 (校正)山田理恵子
　　　　　　　　　〒114-0023　東京都北区滝野川7-46-1
　　　　　　　　　振替00160-5-151318　電話03(5907)6703
　　　　　　　　　ご注文窓口　電話03(5907)6668

＊検印省略　　　　　組版所　株式会社アイデスク

本書の無断コピーは，著作権・出版権にふれます。ご注意ください。

Printed in Japan　　　　　ISBN978-4-18-210222-6
もれなくクーポンがもらえる！読者アンケートはこちらから →

好評発売中！

ゼロから学べる 小学校国語科授業づくり

四六判・176頁・本体 1,900 円＋税 【2334】　青木伸生 著

教師が子どもに答えを与えるスタイルから、子どもが目的に応じて答えを導き、創り出すスタイルへと授業が転換していく今、国語科ではどんな授業をすべきなのか？　自立した学び手を育てるため、また学び合いのできる子どもを育てるための第一歩がここに。アクティブ・ラーニング時代の国語科授業づくり入門。

ゼロから学べる 小学校算数科授業づくり

四六判・176頁・本体 1,800 円＋税 【2101】　久保田健祐 編著

考える楽しさ・教える楽しさを実感できる算数の授業づくりを実現するはじめの第一歩から、様々な実践をもとにした具体的な手立て、学習方法のテクニックなどを事例に基づいて紹介。算数好きの執筆陣が、算数好きになりたいと考える先生へ贈る、算数授業づくりの入門書。算数の全体像とポイントがバッチリわかります。

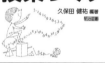

ゼロから学べる 小学校社会科授業づくり

四六判・176頁・本体 1,800 円＋税 【2221】　吉水裕也 監修
佐藤正寿・長瀬拓也 編著

社会科は世の中を生きぬくための知恵を育む教科である―単なる暗記科目ではなく、多くの人やモノとの出会いを通じて社会に関心をもち、参画する子を育てるために、社会科授業はどう教えたらよいのか。子どもはもちろん、先生も社会科好きにする、授業づくりの入門書。

明治図書　携帯・スマートフォンからは **明治図書 ONLINE へ**　書籍の検索、注文ができます。　▶▶▶
http://www.meijitosho.co.jp　＊併記4桁の図書番号（英数字）でHP、携帯での検索・注文が簡単に行えます。
〒114－0023　東京都北区滝野川 7－46－1　ご注文窓口　TEL 03－5907－6668　FAX 050－3156－2790

＊価格は全て本体価表示です。